ロベール・ボワイエ

ユーロ危機

欧州統合の歴史と政策

山田鋭夫・植村博恭訳

藤原書店

OVERCOMING THE INSTITUTIONAL MISMATCH OF THE EURO-ZONE

Undetected by conventional economics,
Favoured by nationally focused politics,
Fuelled and then revealed by global finance.

by Robert BOYER

まえがき

本書は、ユーロ創設当初の成功、ならびにギリシャで国家債務危機が爆発して以来の苦痛にみちた混乱について、一つの共通した解釈を提示する。単一原因論的な分析とちがって、本書が議論するのは、相互に関連する三つのプロセスが作用しあい、まことに複雑で特異なシステミック危機がもたらされたということである。

まず第一に、**新しい古典派のマクロ経済学**が勝利をおさめ、市場経済は構造的に安定しており、貨幣は中立的であり、金融市場は効率的であるという信念が流布した。こうして、ユーロのもとでは、ショックは非対称的というより対称的なものとなり、民間および公共のアクターたちはユーロにうまく対処していくだろうとされた。ユーロをどう評価するかにかかわった専門家たちは、何らかのポリシーミックス体制の持続性についてのティンバーゲンの初歩的な教え、経済地理学の分析、ケインズ経済学の核心的真実、欧州各国資本主義およびその調整様式の異質性がもたらす帰結を、徹底的に無視したのであった。

第二の誤りのプロセスは、**政治**の土俵で生じた。うまい具合に、各国の政治家やエリートたちは、通貨統合に向かって決然たる一歩を踏み出すことによって単一市場を防衛するという、職務上の必要に訴えることができた。つまり、国内の民主主義という土俵における各種社会グループが自由化に向けた改革に反対していたのに、政治家やエリートたちは、自由化改革はブリュッセルの欧州連合本部から来る対外的な制約なのだと、国民に言ってのけることができたのである。加えて、同じ欧州条約が——各国の法的伝統、世界的競争の受容度、経済的特化、政治的諸関係やイデオロギーに応じて——ユーロ圏加盟国間でまったく異なって解釈されることもあった。たいていの政府は自分たちの国益や縮小しつつある主権を守るのに汲々としていた。他方、欧州委員会は弱体で、欧州議会はあまり目立たず、両者はこの共同体を守り、ユーロ創設の初心に見合った各種欧州制度の国境を越えた現代化をなしとげる点で、専門的見解も正統性も欠いていた。

そのうえにさらに、第三の因果関係がこれに加えられなければならない。仮に**金融イノベーションとグローバリゼーション**によって専門家、政治家、それに世論が麻痺状態に陥らなかったならば、ユーロ発足当初の何年かはあれほど幸福ではなく、次いで起こったユーロ危機もこれほどきびしいものではなかったであろう。住宅所有者、家計、政府が容易に信用にアクセスできたことによって、どの加盟国においても、競争力をますます失っている諸国においてさえ、一大ブームが巻き起こったのである。リーマン・ブラザーズの破綻とともに椅子取りゲームに幕が下ろされ、やや遅れてユーロ圏が国際経済の最も弱い環となり、金融界の苛立ちと心配の種となった。以前には無視されていたあらゆる不均衡が噴出してきており、また危機脱出の最善の道をめぐる政治的対立も噴き出している。国境を越えた政治的熟議にかかる時間は、金融界が求める半ば即決性の時間にうまく対処できないことも、忘れるべきでない。

本書はこうした点の分析のうえに立脚する。その目的は、二〇一〇年三月から二〇一二年六月にかけて欧州理事会が何度も開かれたにもかかわらず、一方で危機の伝染を阻止し、同時に他方で——民間金融および財政の安定を維持するのに必要な連邦的制度を創設するというもっと野心的なプランを発表することによって——ユーロの信認を回復することが、なぜできなかったかを説明することにある。欧州中央銀行、欧州委員会、欧州市民ないし各国市民など、この過程を主導するであろう主体のいかんに応じて、まったく対照的な進路が現れてくるかもしれない。例えば、ポリシーミックスを完全に各国別のものに戻すという道、欧州の南北分断によるユーロ圏分裂という道、共同的利益のための制度建設というジャン・モネ〔一八八八—一九七九年、欧州統合の父〕の方式へのプラグマティックな復帰という道、欧州中央銀行が主導する一連の改革の道、最後に、超国家的であれ各国別であれ——ユーロを含む——いかなる経済制度をも民主主義的に基礎づけるという道、などである。そこからこう予測される。ユーロ危機はこの先もつづき、おそらく多くのサプライズが生まれるであろう、と。

ユーロ危機　目次

第V章 欧州理事会は何度も開かれたのに、なぜユーロの信認を回復できなかったのか

ユーロ危機

欧州統合の歴史と政策

凡例

一　本文中の傍点は、原著者による強調である。
一　図表中の太字は、原著者による強調である。
一　本文中のゴシック体や太字は、図表番号表示等をのぞき、訳者による強調である。
一　〔　〕は、訳語の説明、あるいは訳者による補足である。

序論

二〇一〇年一月、ユーロ創設一〇周年の祝賀が行われた。一九三〇年代以来最大の予期せぬ深刻な世界的危機という事態に見舞われている今日、おぼつかない足どりで出発した欧州連合〔EU〕は、ユーロという防波堤から十分な恩恵を得てきたのであろうか。二〇一二年夏、欧州理事会〔EU加盟国元首らによって構成され重要問題を扱う機関〕が何度も開催され、そこではユーロの実効性回復への期待が表明された。EUの責任者やユーロ圏各国の指導者は、ユーロは半世紀にわたる欧州統合の不可逆的な構築物だという。他方で、アメリカやイギリスでは、多くの者がギリシャの崩壊だけでなく、ユーロ圏全体の崩壊を予想している。かれらによれば、どのような通貨同盟も財政および政治における何らかの連邦主義を必要としているが、そのために必要となる国家主権の集約という大きな前進を、ヨーロッパの大部分の人びとは受け入れる準備ができていないという。

本書の目的は、完全な連邦主義かユーロの消滅かという、このようないくぶん単純な二分法を克服すること、そして——今日の不確実な状況をもたらした出来事について簡単な歴史的で制度的な分析を行うことによって——どうして共通通貨によって希望が膨らみ、そしてしぼんだのかを説明することにある。もし、主流派経済学者たちが、危機を説明するのに、グローバル競争下の放漫な財政支出や福祉支出といったとても安易な単一原因論的な説明を好むというのであれば、私はここで次のように主張したい。今日の混乱は、予想外の結果をともなうきわめて深刻なものであり、それというのもこの混乱は、アカデミズムの専門家、ヨーロッパ各国での政治ゲームの本質、最後に自由化とクロスボーダー的発展の結果として国際金融を形づくった内的諸力という、この三者に影響を与えている多様な過程の結合によって生み出されているのだ、と。

今日標準的なものとなっているＲＢＣ〔実物的景気循環 Real Business Cycles　第Ⅰ章1参照〕やＤＳＧＥ〔動学的確率的一般均衡 Dynamic Stochastic General Equilibrium　第Ⅰ章1参照〕のマクロ経済モデルおよび数理ファイナンス・モデルにあっては、各国の中央銀行、財務省、そして金融機関によって使用されている政策手段に体現された過去の規則性からすれば、このような急激な不況が起こる確率は無限に小さいものだとされていた。そこで、一九九〇年代にユーロを準備する局面で行われた討論を紹介することにしよう（**第Ⅰ章**）。

欧州通貨制度〔EMS、通貨安定のため域内諸通貨を一定変動幅内の固定相場制にする制度〕からユーロへの後戻りできない移行によって不均衡が生みだされたが、そのすべてではないにしても、いくつかを予想しえた異端的な分析が展開されてはいた。同様に、ローマ条約〔欧州連合の基本条約の一つで、経済共同体と原子力共同体の設立を定める。一九五八年発効〕の起源とそれにつづく発展を概観することによって、金融的安定性や何ほどかの連帯といった新しいヨーロッパの公共財が、ユーロの長期的実効性にとって必要であるという示唆が与えられる。ある意味では、今日ではだれの目にも明らかなユーロの欠陥の多くは、少数派のアナリストによってすでに指摘されていたのである（**第Ⅱ章**）。

欧州統合の創設者たちや現代の主流派経済学者たちは、ともに経済制度の形成に関する機能主義的理論を持っている。すなわち、政治家たちは、効率性をいっそう生みだすために必要とされる改革を実行する手助けをするという、固有の役割を持っているというのである。ヨーロッパの場合には、このことは、新しい政策手段を用いて、欧州統合の過去の局面で生み出された不均衡を是正することを意味している。政治に関するこうした狭い見方は、超国民国家的存在への限定的な——そして可能だとしてもさほどはっきりしない——主権の委譲を維持するさいの、複雑に絡みあった社会集団と諸国民の利害を覆い隠してきた。現在の政治的論理をよりよく理解することによって、二〇〇〇年以降のユーロの発展経路を分析することができる（**第Ⅲ章**）。

これらの知的で、政治的で、しかも金融的性格をもった過程を統一的に観察することによって、二〇一〇年三月から二〇一二年六月にわたって何度も開催された欧州理事会が、なぜこれほど大きな不均衡を早急に解決する方策を見つけ出せなかったか、その理由を解明することができる。金融界、ECB〔欧州中央銀行〕、欧州委員会〔EUの政策執行機関〕、そして市民といった主要な主体の一つがリーダーシップを発揮し、EU加盟諸国、欧州連合、そして世界経済の間の関係を多面的で長期的に再構築するために、整合的な形式を与えなければならない。ここにあるのは、ハイロードとローロードの分岐だけでない。他に多くの再構築の過程が考えられるのである。そして現在作られつつあるこうした歴史は、さまざまに異なった経路を開拓していくことであろう（第Ⅳ・Ⅴ・Ⅵ章）。

第Ⅰ章　ユーロ圏危機の無視された知的起源

もちろん、最初の理論的基準は、はるか以前に作られた最適通貨圏（ＯＣＡ：Optimal Currency Areas）の理論である（Mundell 1961）。この理論は、欧州共通通貨の創設にともなう利益と制約に関する討論が行われるなかで再び脚光を浴びた。そこでは、通貨同盟が有効であるための四つの基準が示されている。それらは、経済活動を安定化させるために有効な経済政策を行う能力に関するものである。すなわち、域内での労働と資本の移動性、価格と賃金のフレキシビリティ、不況に見舞われた地域・国・セクターに対する自動的な財政移転メカニズム、そして、景気循環の十分な同期化である。明らかに、これらすべての必要条件は一九九〇年代の欧州連合においては、満たされていなかった。そこでは、労働の国民国家間の移動はとても小さいが、資本のポートフォリオは地理的にますます多様化しており、名目賃金のきわだった硬直性が存在し、欧州構造基金〔地域間格差是正のためにＥＵから加盟国へ付与される補助金〕の再分配効果はとても限定されたものであった。しかも、イギリスと大陸ヨーロッパの間で、景気循環は同期化していなかった。

このことは、イギリスがユーロに加盟しないことを決めた理由を説明するものであろう。もっとも他方では、欧州連合は現状においては最適通貨圏でないが、ユーロの創設がその前提条件の大部分を満たすための構造調整のうねりを生み出すだろうと、ユーロの可能性の議論に参加した大多数の専門家は認識していた。したがって、議論の中心は、国際金融理論から経済活動の安定化に関するマクロ経済学に移っていった。

1　新しい古典派マクロ経済学はユーロに関する主要問題について不適切

ユーロの創設は、ケインズ的パラダイムの影響力喪失および実物的景気循環（RBC）モデルの興隆と期を同じくしていた。実物的景気循環モデルにおいては、景気循環は、純粋なワルラス型経済に外生的ショックが与えられることによって生じると説明される。この学派は経済政策の議論において次第に影響力を増し、とりわけ多くの影響力ある中央銀行が、金融政策を評価するさいにこのアプローチを使用するようになるにつれて、影響力を増していった。欧州中央銀行は、動学的確率的一般均衡（DSGE）モデルという名のこの種のモデルの第二世代のものを発展させてきた（Smets and Wouters 2002）。これは、金融財政政策に関するそれまでのきわめてイデオロギー的な議論にとってかわる、完全に科学的なアプローチだとして導入された。

ユーロの運命に対するマクロ経済学者たちの影響を過大評価しないとしても、ケインズ以前の考えへのこうした回帰によって、現在の多くの問題に関する誤解が生じたのである。

ユーロ圏の重要な特徴と動学的確率的一般均衡モデルの核心的仮説とがまったく異なっているのは、驚くべきことである（**表1**）。

まず第一に、そのモデルでは貨幣は中立的であるとされるので、中央銀行によって低利子率が

表1　新しい古典派マクロ経済学によるユーロの実効性評価の帰結

仮説	想定されているメカニズム	ユーロのもとでの帰結	現実妥当性の評価
1. 中央銀行による外生的貨幣創造	・典型的マネタリズム ・長期における貨幣の中立性	中央銀行の第一目標としての価格安定性	現代金融システムにおける内生的貨幣創造
2. 完全雇用均衡	・価格・賃金フレキシビリティによる完全な調整 ・自発的失業のみが存在	基本的にインフレーション／失業のトレードオフは存在しない	多くのEU加盟国経済における大規模で恒常的な非自発的失業
3. 対称的ショックが各国固有の非対称的ショックにまさる	共通金融政策がマクロ経済調整の大部分を遂行する	ユーロ圏は通貨統合に対して最適状態でないとしてもそれは実行可能である	国民経済レベルでの生産性の顕著な内生性
4. すべての行為者に対する合理的期待：企業、家計、政府	ユーロと関連している経済政策ルールは民間と政府のすべての戦略に影響を与える	ユーロの不可逆性がその信頼性にとって決定的に重要	企業や銀行は適応したが、政府は国内の政治ゲームを演じた
5. すべてに同じ基準を当てはめる	すべての加盟国に対する総括的な経済調整の存在	ユーロは名目的収斂だけでなく実体的収斂を加速する可能性がある	単一市場は分業の深化を、したがって異質性を生み出した

設定されたときに繰り返しバブルが発生したことを説明できない。加えてそのモデルでは、中央銀行は名目貨幣を発行する唯一の金融機関であり、そこには商業銀行や金融市場は存在しない。低いインフレ率を維持するようにマネーサプライをコントロールすることが、貨幣的安定性を獲得するものだと考えられ、それだけで、金融的安定性は自動的に達成されるものだとされる。サブプライム危機がヨーロッパに伝播し、多くの銀行の金融的脆弱性が露わになって、このようなモデルに依拠していた専門家たちが当惑したのは想像するにかたくない。こうした文脈で重

要なことは、信用チャンネルが破壊されたので、貨幣政策はその有効性を失ったことである(Draghi 2012)。

第二に、そのモデルでは、賃金と価格は完全にフレキシブルであり、失業は労働と余暇のトレードオフの結果としてもたらされるので、失業は自発的なものと考えられている。しかし、ユーロが導入された時期と二〇一〇年以降——つまり国家債務危機が発生しそれが銀行へと伝染した時期——の双方において、現行の賃金で働きたいのに職を得られない何百万ものヨーロッパ人がいたという事実を、そのような枠組みでは説明することができない。明らかにユーロ圏は、生産能力と需要とのギャップによる非自発的失業の増大に直面しているのである。もし仮に、完全雇用が実現しているのであれば、緊縮政策は民間需要を拡大させることだろう。……しかし二〇一〇年以降、まったく逆のことが観察されているのである。にもかかわらず、驚いたことに、支配的な経済学者や政治家は、ユーロ圏に関する誤った表象を信じ、それに従って行動し続けているのである(Artus 2012a)。このことを理解することは、ユーロ危機を克服するのに役立つ。

第三の誤った理解は、ユーロ固有のメカニズムに関わっている。それは、ユーロ圏の全加盟国に共通の金融政策を行うことが余儀なくされているということである。ある意味では、これは各々の国民経済に対してマクロ経済調整の同質性を仮定している。二〇〇〇年以降、これとは対照的に、各国民経済が乖離していくという変化が観察され、これが各国の「調整《レギュラシオン》」様式が当初からもっていた異質性を強めるように作用しているのである。したがって、EUレベルのモデルというものは、金融政策が共通に伝播することで、その妥当性が失われている。例えば、いくつかのユーロ圏加盟国の銀行がほとんど倒産状態に陥るとき、金利を大きく引き下げても、信用が拡張することはないのである。より一般的に言えば、北部ヨーロッパにおけるイノベーション・輸出主導型成長と南部ヨーロッパにおける内需主導型成長との補完的関係は、単一のヨーロッパ・モデルという仮説が誤りであることを明らかにしている。これに加えて、緊縮財政政策の普及は、アジアやラテンアメリカにおける過去のIMF〔国際通貨基金〕プログラムにおいて有害だった「誰にでも同じ基準を」という幻想を、引きつづき維持させることになった（Boyer 2012）。

2　対称的および非対称的ショックの相対的頻度に関する二極化

一九九〇年代後半、主導的な専門家は、最適通貨圏理論の第四番目の条件に焦点を合わせた。それは、対称的ショックと非対称的ショックの間の分布の問題である。世界経済や技術に大きなゆらぎが発生したとき、域内為替レートの不可逆的な収斂によって、ヨーロッパにおける以前の危機——例えば一九九三年の劇的な事態〔為替変動幅を抑えるためのERM＝欧州為替相場メカニズムが投機筋の攻撃により事実上麻痺した欧州通貨危機〕——の再来が防げるのであれば、金融政策の集中化は正当化される。反対に、もし大きなゆらぎが主として各国民経済固有のもの――すなわち国家財政危機、国際競争力の衰退、大きな社会的コンフリクトなど――であるときには、金融政策の集中化は、EUとしての政策効果を改善するものではないし、悪くするとさらに、これまでそれぞれの国が持っていた財政政策と金融政策の手段の発動を妨げることになりかねない。

新しい古典派マクロ経済学のパラダイムを受け入れることによって二つの帰結がもたらされ、これらはユーロの実効性に関する当初の現実主義的評価に悪影響を及ぼすことになった。第一に、合理的期待形成の支配が強調されることによって、ユーロの存在は不可逆的であり、国民経済活動の漸進的同期化が引き起こされ、こうしてヨーロッパ・レベルの景気循環が生み出されるという予想が生まれた。これは、多岐にわたる各種メカニズムを極端に単純化する議論である。実際は、こうしたメカニズムによって、例えば、企業の投資行動、家計消費、銀行による信用配分、そしてもちろん、公共支出・租税・福祉といった領域において構造改革が行われるか否かを決する政治プロセスが形づくられているのである。対称的ショックが支配的だという理解は、過去の観察から得られる見識ある推論ではなく、ユーロが切り開いた新時代がもたらす大転換についての賭けだったのである。

第二の大きな失敗は、ショックの外生性に関する二極化についてのものであり、つまり――国際貿易における特化、労働市場の諸制度、福祉関連の組織と財政、公共支出における順位づけ、金融市場などにおいて――ユーロ圏加盟国間の異質性をいっそう大きくするような経済転換が内生的にもたらされることをはっきりと無視したことにある。このような国民的な「調整」様式の内生的転換が生じるもとでは、共通の金融政策は、まったく異なった衝撃をそれぞれの国に与えることになろう。一例をあげれば、各国間での住宅金融の仕方の相違によって、同じ低金利が、スペインやアイルランドでは危険な投機的バブルを発生させ、ドイツではそうならないのである。バブルが崩壊したとき、欧州中央銀行は、予期せぬジレンマに直面している。引きつづき低インフレ政策――これは欧州消費者物価指数で測られる――のみに集中するか、あるいはもっと直接に金融安定化の問題に取り組んで、いわゆる非伝統的な金融政策を実行するかのジレンマである。今日、新しい正統派マクロ経済学に基づく知的枠組みは大いに陳腐化しているが、……何ら手を打つことなく、現在の緊縮政策が奨励されつづけているのである。

3　経済合理性のしもべとしての政府
――政府は離脱不可能なユーロ加盟が要請する改革を遵守しなければならなかった――

合理的期待形成仮説（REH：Rational Expectations Hypothesis）には、もう一つの帰結が存在する。すなわち、私的であれ公的であれ、すべての行為主体《アクター》がアムステルダム条約〔共通の外交・安全保障政策など、政治・経済・社会面でいっそう密接に統合された欧州の実現を目指して一九九九年発効〕において規定された約束と整合的な戦略を発展させなければならないということである。このことは、大企業にとっては大きな問題とならない。なぜならば大企業は、ユーロ圏における為替リスクの除去に対応してその活動を展開するからである。同様に、銀行はユーロ加盟国全体にわたってその支店網を拡大し、諸外国の国債や証券を買うことでそのポートフォリオを多様化した。それは、ユーロの創設以前には達成できなかったことである。これら二つの動きは、合理的期待形成仮説に基づいた予測と一致するものであった。

しかし、弱い通貨を持っている諸国に住む家計にとってはそうはいかない。名目利子率の、そして究極的には実質利子率の暴力的な下落によって、家計の多くが予想もしなかった規模で住宅や耐久消費財を買うようになったのである。信用へ容易にアクセスできるようになったことで、住宅価格の急速な上昇はいっそう激しいものとなり、投機的バブルが生み出された。このことは歓迎されたが、それというのも、これによって銀行の利潤が増加し、建設業で雇用が創出され、国家財源が潤沢になりさえしたからである。世界的危機の前夜において、いくつかの国では、財政黒字を経験しさえした（スペイン）。主導的な経済分析家や経済学者たちは、金融市場は効率的であり、いかなる公的当局もリアルタイムでは投機的バブルを感知することはできないと確信して、こうした国民的経験を、ユーロの恩恵が将来的に有望な証だと賞賛したのである。このような高揚は広範囲に生じ、その証拠に、ケルトの虎、アイスランドの奇跡などと言われたのである（Maskin and Ebbertsson 2006; Poter and Baldinsson 2007）。

しかし、より深刻な誤りは、公的機関が合理性を持っているとされたことだった。通貨主権の共同化を受け入れたことによって、各国の政府当局は、実行可能なポリシーミックスを達成し、その国民的成長体制において大なり小なり意欲的な改革を促進するのに必要な、あらゆる改革を試みなければならなかった。このことが意味するのは、政治家は純粋な経済合理性に照らして必要な意思決定をすべて行わなければならないということである。そこにあるのは、課税・公共財・福祉・失業対策に関する市民からのすべての要求を満たす資源は、効率性を高めることによって生み出しうるという希望であった。言いかえれば、政治領域が、主としてユーロ成功のために必要な政策が実施されるための場とならねばならなかったのである。

経済が政治を完全に決定するということは、政治領域が一国領土内における権力の蓄積を扱うものであるという観察と整合的でない。対照的に、経済においては、富の永続的な増大が問題であり、この過程は国民的政治の境界を越えて拡がる傾向がある（Théret 1992）。もしそうならば、ユーロを堅持することは、各国の政治同盟や政治スタイルに大きく明確な相違を生み出すことになる。労使間の妥協が広く存在する社会においては、欧州条約は、競争力に焦点を合わせた既存の公共政策をさらに推進することになる。そうでない社会においては、欧州統合は、政治家の「顧客重視主義《クリエンテリズム》」戦略を助長することになるかもしれない。それは、国民的発展様式の長期的有効性を配慮することとは全く異なったものである。もし、北部ヨーロッパが前者の経路を進み、南部ヨーロッパが後者の経路を進んでいくのならば、ギリシャ危機以降に開催された数多くの欧州サミットや欧州理事会において蔓延していた反対意見や誤解の意味が、よりはっきりとしたものとなるだろう。

ユーロを救うということは、ブリュッセル〔EU本部〕における純粋にテクノクラート的なゲームではなく、ユーロ圏加盟各国における固有な政治闘争の結果によるのである。

4 異議だけでなく、おそらくもっと重要な理論や分析も優雅に無視してきた

ユーロ圏が存続可能であるとする広範な合意は、各種の代替的アプローチを排除することによって達成されてきた。いま振り返ってみると、これらのアプローチは、アムステルダム条約やそれに続く条約の構造的弱点について、そのすべてでないにしてもいくつかを指摘していた（**表2**）。

- ユーロ圏を、価格と賃金の完全なフレキシビリティによって調整が達成されるワルラス型経済とみなすことは、主要な最終財生産において寡占的価格形成が支配的ルールであることを

表2　代替的アプローチによる一層正確で公平な評価

アプローチ	中心的メカニズム	ユーロのもとでの帰結	現実妥当性の評価
1. ケインジアン理論	一般的に有効需要が雇用の主要決定要因となる	正統的な金融引締政策と財政赤字の制限は高失業をもたらす	1993-1999年期には現実的であったが、2000-2008年期にはそうでなかった
2. ネオ・シュンペータリアン理論	イノベーションが成長のエンジン 知識基盤経済は新しいパラダイム	R&Dと構造改革を通したイノベーションの加速、成長はユーロ成功の条件	ドイツと北部ヨーロッパはユーロの優等生だったが、南部ヨーロッパは立ちおくれた
3. 新しい経済地理学	収穫逓増は地理的二極化を含意する	ユーロは地域・国民経済間の分業の深化を引き起こし、国民経済間の異質性を増大させる	財政連邦主義と労働の十分な移動性がないので、生産の不均衡はユーロをリスクにさらす
4. ポスト・ケインジアン理論	金融の自由化、イノベーション、グローバリゼーションのもとで金融不安定性が恒常的に存在	低成長という代償を払って国際金融界に対してユーロの信認を確保することが必要	楽観主義（2002-2007年）と悲観主義の再来（2008-2012年）という典型的推移

無視し、また名目賃金の硬直性が共通にみられることを無視している。同様に、家計がその消費を通時的に最適化することができるのは、家計が完全競争的な信用市場にアクセスできるときのみである。したがって、私的主体がいかなる財政政策の決定に対しても相殺するように行動すると主張するリカードの等価定理は、大部分のヨーロッパ経済を正確に表すものではない。このことは、ケインズの主張に立ち戻ることを意味する。すなわち、すべての欧州条約は、それ以前の欧州通貨制度の体制におけるよりも、低い成長率をもたらす構造的バイアスをもっているのである。ともかく、ユーロ圏につ

いてのごく最近の動学的確率的一般均衡モデルにあっても、「リカード的でない家計が代表的消費者として」導入されると、それに基づくシミュレーションは、もっと正確なものとなることが認められている（Coenen et al. 2012）。これは、ケインジアンの消費関数を暗に支持することになるのであって、そこでは現在の所得が主要な規定要因なのである。

• しかしながら、ユーロ安定・成長協定（ＳＧＰ）〔Stability and Growth Pact ユーロ導入国が満たすべき財政規律として、一九九七年、単年度財政赤字／ＧＤＰ＝三％以下、国債累積残高／ＧＤＰ＝六〇％以下を取り決めた〕の経済活動に対するマイナスの効果に関して、標準的なケインジアン・モデルから引き出される予測は、二〇〇〇～二〇〇八年期では誤りであることが明らかとなっている。この期間の出来事は、繰り返し生じた金融バブルへの金融自由化と金融イノベーションの影響に関するポスト・ケインジアン的分析によって、いっそう説得的に説明されている（Minsky 1986）。明らかにユーロは、ほとんど類例がないような巨大な金融的イノベーションであった。にもかかわらず、そこでもまた、自由化された市場の典型的なパターンが観察されたのである。すなわちユーロは、若干の期間を経たのちにインフレを低率にコントロールできたことで利子率の低下がもたらされたので、成功したと考えられてきた。消費市場と住宅市場の活況は楽観主義のうねりに油をそそぎ、ユーロ圏の主要な部分においてバブルを発生させた。それにつづく二〇〇八～二〇一二年期には、過去のバブルと同じパターンが繰り返された。すなわち、金融業者は自信を喪失し、EU当局の対応はとても不十分だったので、きわめて深刻な景気後退が引き起こされた。結局、ケインズやミンスキーは正しかったのである。つまり信用貨幣は経済に対して中立的ではないのであり、ユーロは、国内金融システムを変化させることによって、マクロ経済学に対するワルラス的アプローチが適切でないことを示してみせたのである。

・ネオ・シュンペータリアンのアプローチも、ユーロの創設と管理に際して真剣には受け入れられなかった。第一に、このアプローチが示すところによれば、生産性上昇は外生的なものでなく、より多くの利潤を獲得しようとする企業の明確な戦略によって得られるものである。さらに、製品と組織のイノベーションは、寡占市場でレントを追求するのに決定的に重要な内容であるとしている。第二に、ネオ・シュンペータリアンの経済学者たちは、ヨーロッパは為替と金融の不安定性の影響を受けているだけでなく、知識基盤経済（KBE：Knowledge Based Economy）の原理を採用することに出遅れており、それが深刻な問題となっているという。これが大陸ヨーロッパの低成長を説明し、それは寛大な福祉制度の継続を問題の多いものとしている（Rodrigues 2002）。リスボン条約〔EU基本条約の修正条約、二〇〇七年調印〕で示された方針は、ヨーロッパの研究・イノベーション制度のこうした弱みを克服することを意図していた。もっとも、ユーロの影響に関するケインジアンとネオ・シュンペータリアンの診断は、互いに矛盾するものではなく補完的である。両者が問題とする時間的視野は異なっているが、ともに研究開発支出は順景気循環的《プロサイクリカル》であり、マクロ経済安定化政策の性質に大きく影響を受けるとしている。したがって、保守的な金融・財政政策を長期的に行うことは、生産能力の形成とイノベーションを低下させ、長期的な成長をも低下させるのである（Dosi 2011）。

・ケインジアンとネオ・シュンペータリアンの総合は、ユーロ圏危機への場当たり的対応が続くなかで、ますます説得的なものとなっている。一方では、執拗に緊縮政策を維持しようとすることで需要が冷え込み、新しい古典派の理論によって提起されたところの、公共支出に典型的なクラウディングアウト効果というものは誤りであることが示された（Boyer 2012）。他方で、生産設備への投資が抑制されることによって潜在的成長力が低下し、一番脆弱な経済の財政的持続性をいっそう不確実なものとしているのである。この悪循環について、既存のマクロ経済学のパラダイムのなかには、簡潔にして信頼にたる説明を見いだすことはできない。

・最後に、新しい経済地理学は、大部分のヨーロッパの戦略と新しい古典派マクロ経済学が暗黙に想定している収斂仮説に対抗して、興味深い予測を提供することができている（Krugman et al. 1999）。たいていの現代的部門に典型的にみられる規模に関する収穫逓増の重要性と、イノベーションを促進する経済集積効果とが存在する状態のもとでは、域内為替レートの安定化は、すでに競争力を持っている地域とそうでない地域との間での経済活動の二極化という結果を招きやすい。自国通貨をユーロに転換するさいに自国通貨が増価するならば、より一層このことが生じるといえる。これは、二〇〇〇年から二〇一二年までの推移においてまさに起こったことである。つまり、北部ヨーロッパは強力な製造業製品の輸出という基盤を維持し、南部ヨーロッパは国内サービス業に特化してきた（Artus 2011a）。共通通貨は、北部ヨーロッパの貿易黒字と南部ヨーロッパの貿易赤字という二極化を生み出したのであり、このような不均衡は、純粋に金融的な戦略をとるだけでは是正されえないのである。

要約すれば、ユーロ圏の混乱は、経済学の不適切な理論化の問題でもあるのである。

5　過剰赤字手続き実行の困難に関する早くからの警告

ドイツの圧力のもとで、アムステルダム条約（一九九七年）の交渉はとても神経を使うものとなった。というのは、ユーロによって提供される防波堤が各国の財政におけるただ乗り戦略を許すものだったからである。そのため、第九九条と第一〇四条は、政府赤字の対GDP比の上限を三％とし、政府債務残高の対ＧＤＰ比を六〇％以内としたのである。この安定・成長協定に基づいて、多角的監視メカニズムが創設され、それを遵守しない加盟国に対して制裁金を課すことによってこれを強制する過剰赤字手続き〔ＥＵ基本条約に定められた財政規律保持の手続き〕が決められた。

安定・成長協定を細かく条文化したことは、それだけ適切なことだったのであろうか。活発な討論が巻き起こったが、結局、当初の条文の中身は変更されることはなかった。安定・成長協定の批判者たちは多くの主張を行い、その多くが正しかったことが明らかとなり、それにつづく改革が正当化されることになった。この改革はまず二〇〇五年三月、規則の解釈を柔軟化する方向でなされた。次いで二〇一一年十月、逆にそれを強化して、国際競争力の喪失や信用供給の過剰といった他の構造的なマクロ経済的不均衡が考慮されるようになったのである。

・まず第一に、財政学者やマクロ経済学者は、政府赤字の対ＧＤＰ比三％、政府債務残高の対ＧＤＰ比六〇％という上限はアドホックに選択されたものだと指摘した。この指標は、財政プログラムの評価に入るすべての変数――利子率、成長率、当初の債務残高／ＧＤＰ比率――を定式化する一般的公式を特定化し、既知のデータに基づいて予想をたてることのうえに構築されたものであった。同時にその基準は、景気がよいときにはとても穏健なものであるが、厳しい不況のもとではとても厳しいものとなる。本当は、もっとよい基準がありえた

表3　政府財政の不健全化は予想できたし、現に予想されてきた

アプローチ	中心的メカニズム	ユーロのもとでの帰結	現実妥当性の評価
財政学	財政持続性のための理論的諸条件	安定・成長協定によって選択された基準は、過去の成長パターンをそのまま延長したもの	成長率低下によってルールが頻繁に破られた より良いルールが利用可能である
計量経済分析	安定・成長協定のルールは、過去において頻繁に破られてきた	このルールを強制的に遵守させるのは困難	実際、2003年以降、フランスとドイツを含め多くの国がルールを遵守することができなかった
政治経済学	政治家たちは、国内の社会的要求に応えた	ユーロへの大きな調整問題を抱えている国民経済で、財政赤字が拡大した	好調で競争力のある北部ヨーロッパ経済と立ちおくれた南部ヨーロッパ経済の対立

のである。それは、循環的変動を修正した構造的赤字という基準であり、これは明確な反景気循環的《カウンターサイクリカル》な財政管理を含意するものである。それは、現在の財政赤字だけが考慮されるという基準のもとで、好況において安定・成長協定が極度に許容的なものとなるのとは異なるのである。もし、政策目標が政府の財政破綻を防ぐことにあるのならば、政府債務残高という基準のみが重要なものであり、国家が債務を借換える《リファイナンス》さいの利子率の上昇は、国家財政が維持できないことの先行指標となりうる。最後に重要なことは、もし経済合理性を堅持するなら、現在の支出をただ信用増加によって資金調達することは禁じられるべきであり、将来の成長に貢献すべき公共投資は、それに相当する国家債務を計上すべきであるとされる（**表3**）。

・他方で、統計家たちは、ユーロ創設以前に政府赤字の対GDP比三％、政府債務残高の対GDP比六〇％という上限が突破された頻度を測定し、それらが頻繁に起こっていたことを発見していた。したがって、安定・成長協定を遵守するということは国家財政の運営における重大な変更を含意しており、それにどのように適応するかは、各国民国家が欧州条約を受け入れるさいのその戦略次第なのである。

・ほかでもない政治経済学アプローチが強調するところによれば、政治家たちはさまざまな社会集団の要求に反応する。また、政府支出の方向や租税負担の再配分に対するさまざまな圧力が結合して、経済活動の水準にそった国家財政のポジションが設定されるのだとも強調される。これらの支出は本性上、過去の制度的妥協の結果なので、強い慣性を示す（Delorme, André 1983）。そして、一連の権利要求が有効になっているのは、それが過去の社会的・政治的妥協の遺産だからである。いくつかの社会においては、経済が失業・対外赤字・財政赤字などの大きな不均衡に直面したとき、これらの制度的妥協について再交渉できるような政治組織を発展させてきた。北欧諸国とドイツはこのカテゴリーに属しており、すべての民間組織と国民的制度は経済の競争力維持を考慮するものとなっているので、これら諸国のユーロへの適応は初めから容易なものとなる。対照的に、他のユーロ圏加盟国は、世界貿易に参加する度合いが小さく、国内コンフリクトが頻発している。このような構図をもった国においては、公共支出と減税が所得分配に関する闘争を緩和する典型的手段となり、マクロ経済的不均衡の解決は、国家債務を増やすという形で、経済状態が改善するまで先送りされるのである。ギリシャ、イタリア、フランスがこの第二のカテゴリーに入る。経済発展水準や社会経済レジームの顕著な異質性はヨーロッパの安定性に対する危険性を代表するものであったが、それは早くも一九九〇年代末には示されていたのである。

しかしながら、より包括的な欧州を要求する地政学的関心と政治的高揚が、冷静な分析による警告を凌駕してしまったのである。

第Ⅱ章

制度的・歴史的分析こそが今日のユーロ圏危機を予想しえた

ここでいよいよ、実物的景気循環論や動学的確率的一般均衡モデルによるユーロの伝統的理論化においては基本的に無視されてきたメカニズムについて、これを検討組上に乗せているアプローチを紹介しよう。したがってここでは、伝統的理論が基本的に誤った二点について正すことが可能となる。

第一に、欧州統合は、超国民国家的な制度構築のプログラムであり、競争の監視、ヨーロッパ共通の公共財の供給、そして二〇〇〇年以降は通貨金融政策の遂行を任務としている。しかし、こうした形の構築主義は、新しい古典派経済学が持っている一般的ヴィジョンによって、はじめから拒絶されている。そのヴィションとは、民間のアクターのみがかれらの戦略にとって適切な情報を得ることができ、効率的市場がこの情報を社会に伝え、そして、その市場は安定的かつ——ある条件のもとでは——効率的な均衡をもたらす、というものである。民間部門は、貨幣供給とインフレの関係を知っており、現在の財政赤字によるいかなる政府支出も将来において課税の増加をもたらすことが予想されるので、中央銀行であれ財務省であれ、それらがどんなに積極的なルールを決めても、それは有害なものにしかならないという。言いかえれば、リカードの等価原理〔財政支出の課税決済と国債決済は経済厚生上等価だとする公債の中立命題、第Ⅰ章4参照〕によって、公共当局が経済活動の水準に影響を与えることは構造的に不可能なのだという。これに対して、代替的理論〔ボワイエ自身が指導的役割をはたしているレギュラシオン理論〕が主張するのは、市場は与えられた制度諸形態の枠組みのなかで作用しているのであり、制度諸形態の首尾一貫性や性質が、調整様式と呼ばれる比較的短期のマクロ経済的調整と、成長体制と呼ばれる長期的傾向と、その双方を規定するということである。

第二に、欧州統合は、国民経済間の諸関係を再編することによって国民経済の転換を目指す長期的な歴史過程である。一地域における制度的前進が、全体にわたって存在する制度的構図と不整合を引き起こすので、欧州統合は持続的不均衡を含む過程なのである。これは、一つの安定均衡からもう一つの安定均衡への移行として、例えば、域内の変動相場システムからユーロ——ここにユーロは、そこで歴史的過程が終焉し定常状態に収束する世界として理解されている——への移行として、分析することなどできないのである。

1　経済政策レジームの持続性に関する基本原理にもどれ

合理的な経済政策は、どのように決定されるべきものであろうか。有益な枠組みを提供してきたマクロ経済モデルに携わる一学派が存在する（Tinbergen 1952）。基本的に、マクロ経済活動は、大部分は内生的なものだといわれる。それは、消費・投資・輸出・輸入が、賃金・利潤・有効需要・相対価格など、要するに民間の主体によって設定される変数に関連しているためである。しかし一般的に、非自発的失業が観察されることもあり、あるいはまた、インフレをともなう好況が金融的安定性を、さらに社会的安定性さえをも損なうことがありうる。政策立案者たちは、税率・公共支出・公的部門の賃金ノルム・利子率・為替レートなどの政策手段を制御することによって、こうした変化を正すことができる。これらの政策手段の適切な発動によって、よりよいマクロ経済均衡が達成される。そして政策立案者たちは、インフレ・失業・対外均衡・経済成長などの目標変数に従って、経済政策を決定しようとするだろう。ここに「ティンバーゲン・ルール」が登場する。政策手段の数と政策目標の数は少なくとも等しくなければならない、というルールである。

戦後資本主義の黄金時代においては、国民国家はこれらの目標を達成するために、少なくとも四つの政策手段を比較的自由に用いることができた。すなわち、金融政策、政府予算・租税、為替レート、産業政策／イノベーション政策である。そしてそれらは、所得政策によって補完されることもあった（**表4**）。変動相場制の採用と国民経済を超えた金融の拡大にともなって、金融政策の自律性は、何とかして為替レートを監視しようとする思惑によって制限されるようになった。財政赤字は金融市場の詮索下に置かれるようになった。しばしば失業が調整変数となり、完全雇用の達成はますます困難になってきたが、それというのも公共当局が為替レートを十分に制御することがとても困難になったからである。

表4　経済政策に関するティンバーゲンの分析——ユーロは2つの主要な政策手段の喪失と、中央銀行による国家債務に対する再融資能力の喪失を意味している

目標＼政策手段	戦後資本主義の黄金時代	ユーロへの道	ユーロ導入後
1. インフレーション	自律的**金融政策**、場合によれば所得政策	金融引締政策（為替レートを防衛するため）	インフレのコントロールは欧州中央銀行の主要目標 国家債務借換えの禁止
2. 完全雇用	主として**予算政策**、ときおりの社会政策	予算政策に関する制約（財政赤字の削減）	安定・成長協定によって政府予算政策が制約される 構造改革（競争、労働市場）
3. 対外均衡	**為替レート**に対する政治的意思決定による調整	為替レートが金融市場に規定される変数となり、それが暫定的に欧州中央銀行によってコントロールされた	ユーロ加盟国にとってはもはや公式の対外的制約は存在しない ユーロ／ドル／の為替レートは純粋に市場変数となった
4. 成長	イノベーションと産業政策	マクロ経済アプローチの優位性	産業政策に代わる競争政策の強化 リスボン条約による補完

しかし、ユーロを採用することによって、各国当局は、それぞれの国にとって適切な金融政策という第二の政策手段を失うことになった。ユーロによって生み出された状況は根本的に新しい。それは、独立した国民国家の完全な自律性でもないし、典型的な連邦主義的体制でもない(Dehove 1977)。現在、経済政策の責任は二つのレベルで分有されており、超国民国家的ルールが支配的役割を行使するのでもなく、また、補完性原則〔EUの行政範囲をEU構成国等では十分にできず、EUレベルで行う方が適切なものに限定するという原則〕に従うのでもないという意味で、入

れ子型になっている。明らかに、金融政策は完全に欧州中央銀行の責任のもとにあり、それは欧州全域にわたる価格の安定性を維持する任務を担っている。しかし、ユーロの信頼性、とりわけドルに対するその為替レートの信頼性は、各国の財政管理政策がどのように行われるかということによって大きく影響を受ける。最初のユーロ加盟一一カ国間に、後もどりできない形で導入された固定為替レート制度のもとでは、マンデル＝フレミング・モデルが含意しているように、財政管理政策は、国内経済活動の水準をコントロールするために各国政府に残された唯一の効果的な政策手段となるのである（Wyplosz 1997）。したがって各国民国家は、他の国民国家による賢明な財政管理政策から生み出される集合財に「ただ乗りする」インセンティブを持つことだろう。だからこそ安定・成長協定が制度化されたのである。しかしこれは、各国民経済を安定化させるために伝統的政策手段を使用することに対して、もう一つの制限を課すことになる。

最後に重要なことに、各国の経済政策の自律性に関して、第三の損失が存在する。金融政策と為替政策がEUに集約されるもとで、欧州条約は国債のマネタリゼーション（中央銀行の国債引受けによる通貨増発）を禁じている。それは、戦後資本主義の黄金時代においては、きわめて中心的な役割を演じた手段であった。したがって、アメリカ連邦準備制度理事会、イングランド銀行、日本銀行のような他国の中央銀行の状況とは対照的に、欧州中央銀行にとって残されたのは、民間信用のチャンネルのみである。ある意味でユーロ圏加盟国は、自分たちがもはや一国レベルでは創出できない通貨で国債を発行しなければならないのである。つまり、国債をドルその他の国際通貨で発行せざるをえない新興国と同様な状況になってしまった。こうして実際、ラテンアメリカの経済学者たちのなかには、一九九七〜二〇〇一年期のアルゼンチン危機を二〇〇九年以降のギリシャ危機の進行と比較する者もいるのである。……しかし、これら二つの危機には顕著な相違が存在する。とりわけ欧州当局は、危機がより大きな経済へと伝染する危険性を感知した。そこで欧州中央銀行は、欧州条約の条文に違反しつつ、一時的にイタリアやスペインの国債を直接買い支えることを受け入れたのである。

2 欧州統合は基礎的公共財をめぐる漸進的制度形成の過程である
——金融的安定性は通貨安定性の次のステップである——

ユーロがどれほど大きな制度的転換という結果をもたらしたか。このことほど過小評価される例は他にない。政策立案者たちは、これまでの危機の原因——すなわち為替レートの不安定性——を取り除くよう努めた。かれらはまた、新しい制度設計においていちばん起こりそうないくつかの脆弱性を予想し克服しようとした。例えば、各国の財政政策へのただ乗りを阻止することなどである。それにもかかわらず、かれらは、政府行政の失敗がユーロ圏の金融的脆弱性の唯一の要因ではないということを無視しているようである。実際、民間部門とりわけ銀行は、不動産ブームに油を注ぎ、証券化をおし進め、大きなレバレッジ効果を追求するといったように、きわめてリスクの高い戦略を採用したのであって、そこから典型的なミンスキー型金融危機が引き起こされたと考えてよい。それは、まさにスペインやアイルランドで起こったことである。一九九七年のアジア金融危機では、ごく健全な国家財政であっても、大量の資本流入とその暴力的な停止に対して防衛できないことが示されていた。奇妙なことに、ユーロの創設者たちが持っていた認識の基準は、金融グローバリゼーションと結びついた新しいリスクや民間部門の「アニマル・スピリッツ」へのその強い影響ではなく、一九二三年ドイツのハイパーインフレや一九八〇年代および九〇年代ラテンアメリカの国家債務だったのである。ここでもまた、モデル作成者にとっては便利な仮説である、市場経済は「自然に」安定化するという基本的仮定が、二〇〇三年以降ユーロ圏が危険な道を歩んでいるという考えを覆い隠してしまったのである。ところで、二〇一一年十月に欧州理事会は、民間部門の内部で生み出された不均衡を把握する一連のマクロ経済指標が必要だと認識するようになった。それらは、貿易収支、不動産価格、国際競争力の劣化、信用の過剰などであるが……これは少し遅すぎた。

過去を振り返ってみれば、二〇〇〇年代半ばにおいて、ヨーロッパの政策立案者たちは、欧州連合は、最終的にその当初の目的を達成し、新しいイニシアチブは必要ないと確信していた（**図1**）。

図1　欧州統合半世紀の鳥瞰図

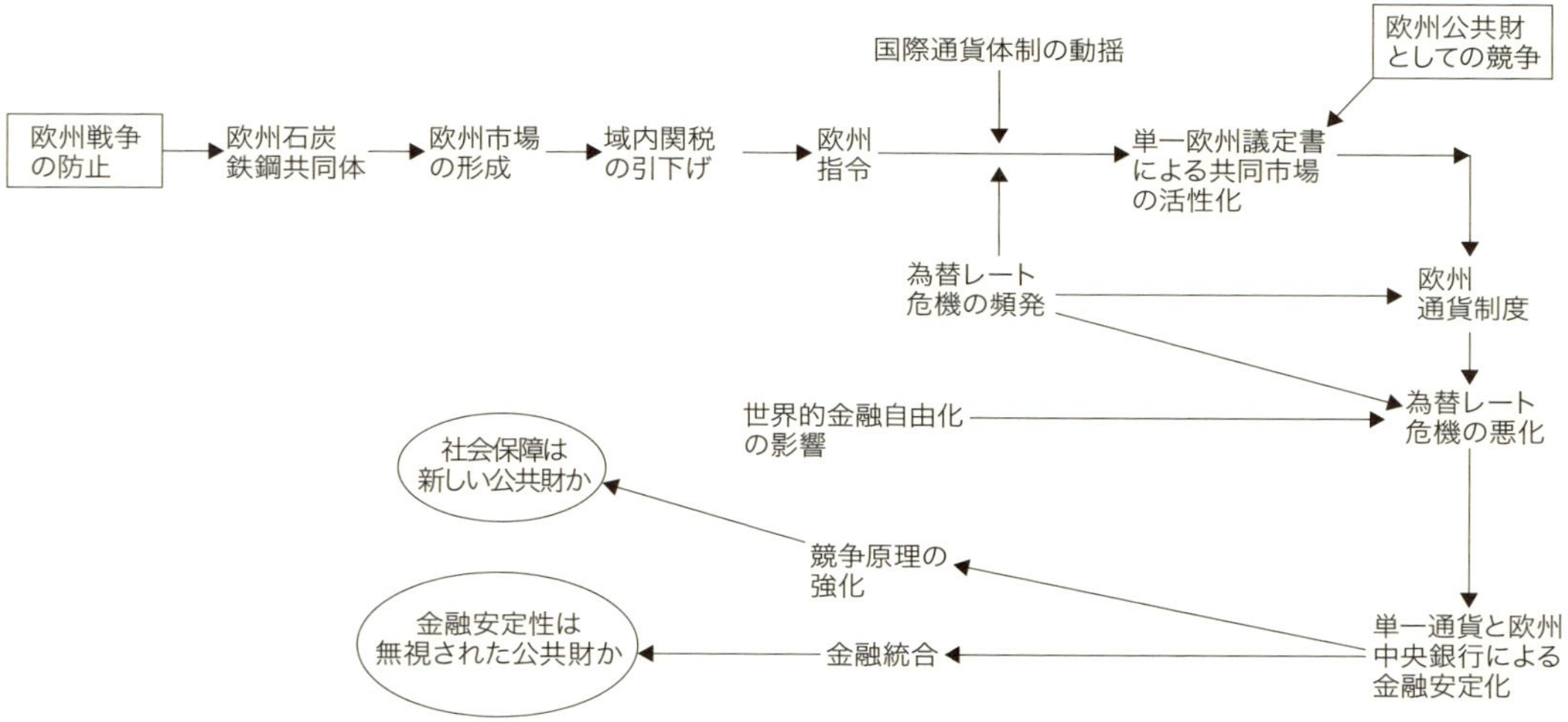
欧州公共財
としての競争
国際通貨体制の動揺
欧州戦争
の防止
欧州石炭
鉄鋼共同体
欧州市場
の形成
域内関税
の引下げ
欧州
指令
単一欧州議定書
による共同市場
の活性化
為替レート
危機の頻発
欧州
通貨制度
世界的金融自由化
の影響
為替レート
危機の悪化
社会保障は
新しい公共財か
競争原理の
強化
金融安定性は
無視された公共財か
金融統合
単一通貨と欧州
中央銀行による
金融安定化

欧州統合の創設者たちは、二つの世界大戦の再来を防ぐためにこのプロジェクトを始めた。大戦は、旧大陸の自己破壊とその結果もたらされた地位低下を意味していた。平和は追求すべき最重要の公共財だった。全ヨーロッパを包摂した軍事条約によってそれを達成するのが不可能だというのであれば、もう一つの道は、ドイツ、フランス、そして両大戦という繰り返された抗争に巻き込まれた他のすべての国々の間で、秩序ある経済関係を組織化することであった。しかし、共通市場は公正な競争を維持するために、ゲームのルールを作っていかなければならなかった。そして、それがヨーロッパ全体の基礎的な公共財といえるものへと高められていき、ヨーロッパ・レベルの競争能力の漸進的でねばり強い拡張を正当化していったのである（Boyer, Dehove 2004）。

しかし、為替レートの不安定性が増大し、それが単一市場における競争の公正性に影響を与えるようになって、欧州統合の過程を再編していかなければならなくなった。長きにわたる実験のあとに、ヨーロッパの域内貿易の発展から利益を得つづけるためには、共通通貨が必要であると確信する欧州エリートたちの数が増えていった。誰もが、これは根本的に新しい制度編成へと大きくジャンプすることであると思った。そこで、オルド自由主義的アプローチ〔中央管理と自由放任の双方を拒否し、自由競争秩序の人為的形成を目指した戦後ドイツに特徴的な経済思想〕をブリュッセル〔欧州委員会〕と各国家機関との関係へと拡張しようとドイツ代表が提案し、それは十分な利点と説得力のあるものであった。つまり、財政連帯および政治同盟なき通貨統合の存立が保証されうるとすれば、それは、ユーロ圏を破産に導きかねない各国の機会主義的行動を防ぐための共通のルールがきちんと遵守される場合のみだ、ということである。これは、まさに欧州連合を組織するにさいして、ドイツの考えが勝利したことを意味した。しかし、東西ドイツ統一のさいには各州間で制度化された再分配システムが実現したが、それに匹敵するようなシステムは提起されなかったので、この提案はドイツの連邦主義をEUに適用することではまったくなかった。

このドイツ固有の「慎重な連邦主義」があれば、財政的・金融的・政治的な連邦主義は不必要になると考えられた。だがしかし、予期せぬ脆弱性の原因が露わになったとき、われわれはどうすべきなのか。そして、もし、ルールがすべての加盟国によって守られることがないならば、どうなるのか。政策立案者たちは、金融のメルトダウンが起こっているという事態を受けとめて、これまで破られてきたルールをさらに強化し、モラル・ハザードがさらなる危機を生み出すことを防ぐべきなのか。だがそのとき、欧州連合はなお存続しつづけるのだろうか。ヨーロッパの人びとは、北アメリカの人びとにとって自明なことを、痛い思いをして認めねばならなかった。最後の貸手が存在せず、ヨーロッパ各国の財政について多少バランスがとれているだけで、明確なリーダーシップもないとき、ユーロは防衛するのが難しいということを、である。

二〇一〇年三月から二〇一二年七月までの危険に満ちた道筋が示しているのは、金融的安定性は、EUの結束を維持するために必要な次なる公共財だということである。……だがしかし、これは遅すぎた。あまりに遅すぎたので、いまや次の一歩は、どんなに限定的なものであれ、なんらかの形態で財政連邦主義を進めることである。そして、欧州安定メカニズム〔二〇一二年十月発足〕や業績不振に陥ったいくつかのヨーロッパの銀行に対する直接的救済の任を負った欧州金融組織を保証していくことである。

3 「調整」様式の顕著な転換は、国際化に対応できなかった経済にとっては格別に困難

ここで最後にあげた注意点は、ユーロのもたらす帰結が過小評価されていたことを指摘するものである。それは、金融的手段と財政的手段の間の経済政策ミックスにおける変化を含意するだけでなく、大部分の国民経済の制度的構造における根本的な変化を含意している。

「調整《レギュラシオン》」理論の概念的枠組みに基づくならば、およそ社会経済レジームの持続性は、五つの制度諸形態の短期的ならびに長期的な両立性に依存し、さらには、それらのよりよき補完性に大きく依存する。五つの制度諸形態とは、貨幣金融レジーム、賃労働関係、競争の性質、世界経済への編入、そして国家と経済の結合形態である（Boyer, Saillard 1995）。欧州統合の過程は、事実上、これら制度諸形態のほとんどすべてを次第に変化させてきた（**表5**）。

貨幣金融レジームについていえば、それは、戦後資本主義の黄金時代には大きな国民的自律性

表5　ユーロは国民的「調整」様式に対する画期的な変化を意味する

制度諸形態のレベル ＼ 時期	「黄金時代」1945-1971	苦渋の30年 1972-1999	ユーロの幸福期 2000-2009	決算の10年 2010-
1. 貨幣金融レジーム／信用	国民経済的	一国の金融政策の自律性が次第に制約された	**全加盟国に対する**同一の**欧州金融政策**	各国銀行危機と国家債務危機に直面し欧州中央銀行の効率性が喪失 金融的安定性が主要な関心事となる
2. 賃労働関係	国民経済的	国民国家的であるが、激しい競争で転換を余儀なくされた	依然として**国民的**だが欧州レベルで〈**ベンチマーク**〉化された	国民経済の競争力を回復させるため労働市場と福祉の改革が行われる
3. 競争の性質	主として国民経済的	欧州競争政策の影響が増大	ヨーロッパ・レベルでの競争圧力が強化された	世界レベルでの過剰能力が激烈な競争を引き起こす
4. 世界経済への編入、為替レート・レジーム	為替レートは政治的決定の結果	金融市場が為替レートを強く規定するようになる	金融市場によって設定される単一の共通為替レート	賃金緊縮と福祉縮小による内的減価〔事実上の通貨切下げ〕の促進
5. 国家／経済の結合形態	大きな福祉国家	政府赤字・福祉財政赤字の頻発	各国間で政府赤字の水準が分岐	国家債務危機の発生とユーロ圏内での経済状態の分岐

を持っていたが、いまや国際金融の動向に大いに左右される政策へと変化し、最終的にはユーロ圏加盟各国は、自らの通貨主権を共同化し、超国民国家的で独立した欧州中央銀行を創設することを受け入れたのである。理論的に言えば、貨幣金融レジームが制度的階層の上位に位置するようになり、各国民経済特有の制度編成にとって決定的に外部的なものになったのである。それは、資本・労働間の制度化された妥協が基礎をなし、それに対して貨幣金融レジームが従属的な位置にあった過去のケインジアン的構図とは、大きく異なるものとなった。制度階層性のこのような逆転が意味するのは、この過去の妥協はもはや有効ではなく、そのため、賃労働関係は実際に多くの転換を経験したということである。すなわち、インフレや生産性に対する名目賃金のインデクセーションの消滅、労働契約の分権化と個別化、福祉のための組織と財政の度重なる改革などである。国内レベルにおけるかつての寡占的競争が、生産のグローバリゼーション、急速に工業化する経済の出現、産業のダイナミクスに対する政府のコントロールの喪失によって、挑戦を受けてきたのであり、その事実によって、第二次大戦後の国内秩序の再設計を促しているこれらの圧力はきわめて強いものとなったのである。世界レベルでの工業製品生産の過剰能力は、大部分のヨーロッパ経済を不安定化させた。それは、資本が長期的競争力を求めて海外に移動し労働者を雇用するようになったり、あるいは大量の輸入が、弱い市場経済において大規模な脱工業化を引き起こしたりするためである。

過去においては、ときおり一国通貨の平価切下げが生じ、それがこれらの逆行的な推移を阻止することができたが、このようなことを行う自由度は、金融の自由化にともなって次第に消滅した。為替レートの変動によって、基本的に各国間の金融資本の収益率は均等化される傾向にあり、そのため対外的な貿易収支の累積的不均衡が生み出されている。ユーロのもとで、この状況はさらにいっそう困難なものとなっている。というのは、たとえ輸出部門や輸出国が競争力を失っても、ユーロという欧州通貨が対ドルで増価することがありうるからである。唯一残された解決は、ユーロ域内における内的減価〔事実上の通貨切下げ〕であり、すなわち間接税、社会保険料、そして最終的には賃金の引下げを行うことである。

こうして、第二次大戦後の社会経済レジームは終焉を迎えた。しかし、貨幣の安定と競争がマクロ経済的調整をもたらすという新しい制度的構築物は、およそ自己調整的なものではない。失業が調整変数になり、それが国内需要を阻害し、社会的コンフリクトと潜在的な政治的混乱を助長する。それは、何年にもわたる緊縮政策が不況を長期化させ、大部分の人びとの意見において、不公正感を助長させるときに発生するのである。

最後に、第二の調整変数は財政赤字と政府債務であり、それは、構造的に競争力を持つ経済においては穏やかなものであるが、世界経済の標準に対処することができない経済にとっては、きわめて深刻なものとなる。この場合に問題となるのは、たんに「正しい」ポリシーミックスを回復するだけではなく、ユーロ圏の要請と市民たちの強い社会的要求とを同時に両立させうる社会政治的秩序を再建することである。国際金融界のいらだちと経済が健全なユーロ加盟国の連帯忌避に直面して、生命力のある妥協は存在するのだろうか、またそれについて交渉が進められうるのであろうか。

4 生産能力と競争力における南北分断の長い伝統

明らかに、異なった社会はヨーロッパ化にともなう圧力に対してまったく異なった形で反応してきたのであり、このことは将来における大きな分断の源となるかもしれない。

・一方において、小さな開放経済諸国とドイツは競争力を育み、世界経済への統合が成功するように、国内諸制度を設計し運営してきたという、長い経験を持っている。開かれた社会的対話、企業家の活力、そして政治的安定は、これら「交渉型資本主義」とその輸出・イノベーション主導型成長の中核的要素であった。このような資本主義は、大きな継続性を持っているので、ユーロ参加はさほど困難なことではない。競争力を維持するため団体交渉を組織し、教育・訓練・イノベーションに力を入れ、よく設計された根気強い改革によって国内の福祉を世界的競争で戦うための資産へと転換させるわけである。多くの場合、そのような改革は予想されうるものであり、予期されざる劇的な危機によって引き起こされたものではない。さらに、これらの国のアクターたちは、財政赤字による政府支出が主要なマクロ経済的不均衡を解決できるとは考えていない。この結果として、経済政策は、安定的な期待を形成する役割を持っている。

• 他方において、中規模諸国ないし工業化が進んでいない諸国は、より多く国内市場の監視に頼るのを常としてきた。労使関係は持続的な妥協に向かうのではなく抗争的であり、シュンペーター的企業家はたかだか例外であって、頻発する政治抗争は経済政策の一貫性と継続性をより困難なものとしている。若者の高い失業率、サービス業への特化、過去の産業特化の陳腐化、イノベーションの遅れ、脱税、不適切な福祉制度、——こういった未解決のマクロ経済的不均衡はすべて、大規模かつ継続的な財政赤字へと転化される。こうした制度的構図にあっては、ユーロに参加することは、多くの国内諸制度の完全な再設計を含意している。通貨切下げができないので、その実施によって同様な効果が得られる諸政策、恒常的な所得政策、あるいは痛みをともなう規律づけ手段として失業の利用、産業特化をしっかりと高度化させる手が考えられる。しかし、これらは一〇年、二〇年の努力の後にのみその恩恵がもたらされる長期的戦略である。国内の財政赤字をマネタイズ〔中央銀行による国債引受け〕する

図2　ユーロ圏各国において危機要因はどのように異なるか

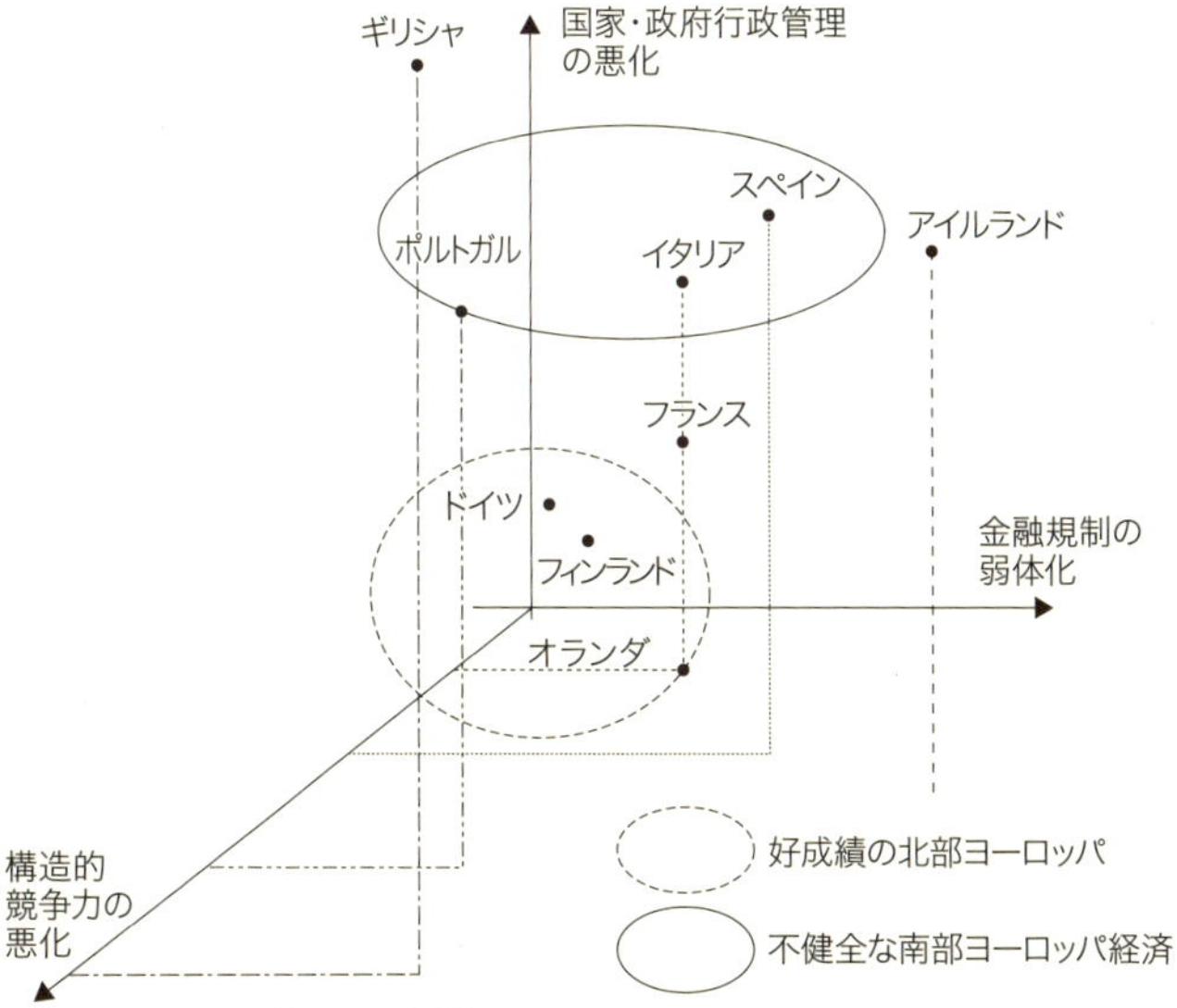

ギリシャは例外
フランスは南北ヨーロッパの中心
アイルランドは不適切な金融自由化の犠牲者

ことができないので、貿易黒字や財政黒字を生み出すことによって債務がやがて返済されうるということを、その政府が国際金融界に確信させなければならない。いくつかの場合、ユーロ導入以前の構図の伝統が存続している以上、このことは所詮できない相談なのである。

ここでの分析の結論は、ヨーロッパの南北分断は、おそらくユーロ圏の今日的構図に対する主要な脅威の一つだということである（**図2**）。

なぜ危機が同じユーロ圏内で異なった形をとり、異なった深刻さを持つのか。それは三つの主要な特徴によって説明される。すなわち、国家組織の質と政府の危機対応、経済の構造的競争力の水準、金融を監視しコントロールする能力という、この三者である。

• 北部ヨーロッパ経済（オランダ、フィンランド、ドイツ）は、効果的で対応力のある国家、ならびに金融に対するいくぶん不完全であっても相対的に効果的なコントロールをもって、世界経済の変化に上手に対応している。これら諸経済は、比較的うまく貿易黒字を実現し、財政赤字を減少させており、したがって、比較的容易にEUおよびユーロ圏のルールを遵守することができ、……そして、他の加盟国にもそうするように要求するのである。

• 残念ながら、南部ヨーロッパ経済は、競争力の構造的欠如、効果的な国家介入能力のなさに悩まされており、そのうちのいくつかの国では、金融自由化によって生み出された不動産の投機的バブルに悩まされている。持続的な財政赤字と貿易収支の悪化のせいで、ＥＵやＩＭＦとの交渉によってもたらされた調整プログラムをきちんと実行するのが大変に困難になっている。国際金融界はこの事態の裁定者であって、かれらは二〇一二年六月の欧州理事会の決定〔経済への資金投入と不健全行への資本注入〕が素早く成功裏に実行されるとはまったく信じておらず、債務不履行《デフォルト》の連鎖が起こる前に、何らかの形の財政的連帯が最終的に広範囲に達成されるかどうか、疑っている。

ユーロ圏のこの異質性は、三つのハイブリッド的構図を考慮するとより大きなものとなる。すなわち、フランスは北部ヨーロッパと南部ヨーロッパの中間的ケースであり、ギリシャは明確にほとんど再起できないほど返済能力のないケースであり、アイルランドは不注意な金融自由化によって異常状態に陥った失敗者であるが、持続性のある輸出主導型レジームに戻るだけの十分な能力を持っている。

要約すると、歴史的・制度的アプローチは、ユーロ危機が単一原因論的な、単純な、そしてときにはイデオロギー的な解釈とはほど遠いものであることを、はっきりと分からせてくれるのである。

第Ⅲ章

民主主義社会におけるユーロの政治的正統性に対する優雅な無視

各国世論や各種社会グループは政治的にどのようなユーロ観をもっていたか、そしてユーロの政治的地位をどう考えていたか。それを問う段となった。ユーロはたんなる技術的な考案物なのか、それとも連邦主義ヨーロッパに向けての明確な一歩なのか。問題なのはまさに、ユーロ発足以前には何のコンセンサスもなかったことである。その結果、国家債務危機《ソブリン・デット》によって、経済合理性と政治の関係が、また現在の不確実性からの脱出路としての超国家的なテクノクラート主義と民主主義的権利の主張との対立が、前面に出てきた。ここでもまた、簡潔な回顧が問題を明晰に分析するのに役立つことだろう。

1 各種社会グループのユーロ観は当初から両極化していた

取引コストの削減、目まぐるしく変動する為替レートという不確実性の除去、競争力を削ぐインフレの防止。ユーロによってこれらが実現し、市民的福祉の全般的改善がもたらされるものと考えられていた。出てくるかもしれない敗者と大部分の勝者の間に——税制や福祉移転を通じた——強力な再分配メカニズムが存在すれば、激烈な競争や企業・雇用のリストラに痛めつけられた人たちの反対論を緩和するに十分だと思われていた。

実際、ユーロの準備期になされた調査によれば、一般に共通通貨に対する肯定的評価が見られ

表6　フランスではユーロは各種社会層に異なる結果がもたらされることが分かっていた

質問：以下の各層に対してユーロはどんな帰結をもたらすことになりそうか？

（%）

	それほど大きな問題はない	一時的困難のみ	問題は長期持続的	無回答
大企業　100%	62	32	4	2
若年層	60	31	7	2
中小規模企業	37	53	6	4
小売業	22	65	11	2
貯蓄家	20	51	21	8
低所得層	7	49	41	3
高齢者	1	8	90	1

出典：SOFRES（1997: 110）

る。例えば一九九七年四月のフランスでは、七〇%の人びとがユーロがもたらすであろう結果に対して肯定的評価をし、またイギリスを例外として、大多数の意見は積極的に期待を寄せるものであった（Le Sondoscope 1997 および後掲の**表8**）。とはいっても、意見分布は全然均一でなかった（**表6**）。

大企業はそれほど困難もなく、困難があってもごく一時的なものだと予想し、そして現に国境を越えた展開が大いに促進された。というのもユーロによって、いくつかの製品については、大企業はもっと需要に密着するよう、それぞれに実績や必要に応じて生産拠点を再配置することが可能となったからである。ところがこうした感触は、中小規模企業や小売業にはなかった。というのも、かれらは輸出主導的というよりは、国内／地方市場と結びついていたからである。ドイツの中小企業とちがって、フランスの中小企業とりわけ下請は、国際的大企業によってコスト圧力をこうむってきた。こうした観点のちがいは、これら両種の各企業団体によるユーロ観に反映している。

若年層はそれほど多くの問題を感じておらず、正当にも、ユーロによって自分たちの可動性が助長されうると考えている。というのも、かれらの全員とはいわないまでも大半は、いっそう開かれた競争に対する教育や能力を身につけているからである。反対に低熟練・低所得のグループは、ユーロによる画期的変化に対して、自分たちが適応できるかどうか——あるいは適応できないのではないか——という長期的な問題点を予想している。かれらは大筋で正しいのであって、それというのも、国際化やヨーロッパ化によって、かれらは低賃金労働者と競争せねばならず、幅広い福祉はいっさいなくなってしまうからである。最後に、いちばんの悲観論者として高齢者たちがいる。かれらは、寛大な年金への悪影響を恐れており、つまり年金と現行賃金水準や——最終的には——消費者物価との連動性が失われるのを恐れているからである。

ほとんどすべてのアクターが、このようにはっきりと旧来の社会的均衡が不安定化するという潜在的原因を予想していたのであり、また、この点が国民主権を守るという旗印のもと当初の政治的対立の源泉であった。各国政府はこの問題に対処する必要があった。

2　ユーロ加盟か否か――政治プロセスの性質が重要だ

経済学者お好みの方法は、かれらご愛用の高度に総合的なモデルのなかで全般的な分析を行うことである。ユーロの支持者はこれによって国民福祉が高まると結論し、次いで、役人や議員にロビー活動を行って、自分たちの構想を採用しユーロ参加を決意するよう説得した。社会の一部から反対があることを知ると、かれらは自分たちの解法を広めるための教育的努力を示したが、その解法たるや、およそイデオロギーや政治的激論からかけ離れた厳密かつ科学的な分析的知識で武装されたものであった。出発当初からユーロは、多くの国で民主主義という正統性を欠いていたのだが、それは避けようと思えば避けえたことである。事実、他国よりも民主主義的な社会もいくつかあって、この点は明白な結果となって現れた。例えばスウェーデン政府は、集中的・多元的かつ分権的な討議を経たのちに、ユーロ参加を見合わせる決定をした。それというのも、たしかに若干の者は得をするがそれは少数でしかなく、他方、いくつかの不利で高度に不確実な帰結があると、それはスウェーデンの社会的結束や自律的決定能力にきわめて有害な作用を及ぼすであろうからである（**表7**）。

表7に見るように、スウェーデンでは少なくとも一四の判断基準について分析がなされた。そ

の各々について評価はまことにバランスが取れたものであって、貨幣集計量的評価はなされていない。なぜというに貨幣的評価では、スウェーデン社会に予想される複雑な変化が捉えられないからである。民主主義的プロセスという領域を削減することは、仮にＥＵ〔欧州連合〕内でのスウェーデンの影響力増大があったとしても、それとは比べものにならないコストだと指摘された。最後にこのレポート（Calmfors 1997）は、ユーロがもたらす帰結として大いなる不確実性に焦点を当てており、そこにはユーロが失敗した場合の尖鋭なる難問も含まれていた。イギリス政府もまたユーロ参加は国益にそわないと決めたが、他の一一カ国はこれとは反対の選択をした。

こうした対立は何に由来するのか。基本的には、各国ごとの複雑な政治システムがその役割を演じている。なぜならこの問題は、各種の利害・ヴィジョン・戦略が最終的意思決定に向けて相闘っている領域だからである。政治学者の課題は、こうした経済的・社会的・政治的なプロセスの複雑な網の目を解きほぐす点にあるのだが、かれらは共通の結論について合意することはおよそない。しかしながら、劇的でおそらく間違ったフィクションとして、ここに中位投票者仮説〔一定の制約条件のもと、多数決投票において選好順位が中位の投票者が最適だと考える水準が均衡点となって社会的に選択されるとする仮説〕が現れた（**図3**）。

ヨーロッパは選挙制度や政治制度においてまことに多様であり、こうした特徴は、既述した純粋に経済的および制度的な相違をはじめとして、ある特殊な役割を果たしている。つまり、議会

評価基準	利　点	欠　点
政治的影響		
11. 欧州統合における EMU の役割	・政治的統合に向かう一歩	・ユーロ圏の内と外との統一をめぐる緊張 ・ECB 政策をめぐるコンフリクト ・特に高失業の場合、EMU に対処するための不人気な国内政策
12. 民主主義コントロールと説明責任	・ECB に対する若干の（限定された）コントロール	・政府間モデル（各国議会によるコントロール）と連邦プロジェクト（欧州議会の強化）との対立
	・欧州委員会での欧州理事会や欧州経済・財務相理事会への報告 ・新条約による ECB 法変更の形式的可能性	・いかなる各国議会の影響力も小さい
13. ユーロに関する決定の正統性		・ユーロは「政治的経済的エリート」にとってのプロジェクトだとされている ・政治的両極化のリスク ・民主主義的討論を組織するためには時間が必要
14.EU 内での各国の影響	・EMU（「ギブ・アンド・テイク」過程）および共通外交・安全保障政策（CFSP）に加盟すれば大きくなる	・……とはいえ結局、どの国も単独では影響力は限られる ・各国が採用したい政策と EU の立場が対立する可能性
政治的影響の評価	ユーロ参加は EU 内でのその国の影響力を高めるが、金融政策に対する民主主義的コントロールが減少するというコスト をともなう	

全般的評価

効率性向上は小さいが確かにある；マクロ経済的不均衡は減少するが特殊一国的攪乱への対処能力は低下する；欧州の政治的統合にはプラスの貢献をするがコンフリクトの可能性あり「EMU の利益がきわめて大きく決定的だと考えるのはむずかしい」……しかし、ユーロ実施に失敗すると強烈な信用問題が発生することになろう

出典：Calmfors et al.(1997:305-339)に基づく

表7　多元的な討論によってスウェーデンはいかにユーロ参加を見合わせたか

評価基準	利　点	欠　点
社会的効率		
1. 取引コスト	・EMU〔経済・通貨同盟〕とくらべてGDP 0.2%分の節約	・会計および転換のコストという臨時コスト（おそらく利得よりは小さい）
2. 為替レートの短期的変動	・不確実性が減るので貿易および投資に役立つはず	・全体としての不確実性は増大する可能性あり（第三国の為替レート、国民的政策の将来）
3. 利子率	・ドイツに似て利子率は低下	・長期的にはユーロと実質利子率の関係はなくなる
4. 単一市場内での競争	・為替変動による自国競争力の予想外のシフトはなくなる；保護主義的圧力は低下	・主に金融部門では有効だが製品市場ではそれほどでない
5. インフレ	・ECBに強い独立性があり、低インフレは期待される	・多大な効率性増大効果は望み薄
社会的効率の評価	**スウェーデンにとってプラスの影響がありうるが…… ……しかし他の多くの政策（租税、教育、福祉）はもっと大きな影響を受ける**	
安定化政策		
6. 対称的および非対称的ショック	・ECBへの信認が大きいので通例の景気後退には強力に対応できる	・中核的欧州との同期化の欠如ならびにありうる非対称的ショックはスウェーデンにとってきわめて高コスト
7. 他の調整メカニズム		・ユーロそれ自体の影響は小さい
・労働の国際移動性		
・名目賃金のフレキシビリティ		・高めるのはきわめて困難（アメリカでは見られない）
・域内為替レートの変化（課税負担のシフトによる）	・賃金抑制の可能性	・対外為替レートとくらべるとこの種の調整規模は限定的
8. 通貨同盟圏外での金融政策の自律性		・経済安定化の可能性は減少
9. マクロ経済的不均衡と為替レート	・名目および実質の為替レート変動の低下	
10. 財政政策	・過剰赤字手続きは公的債務抑制につながる ・各国間での何らかの移転の必要	・自動安定化装置としての財政政策の役割への干渉 ・……しかしそれには政治的反対あり
安定化の評価	**全体としてマイナスの影響 ・特殊一国的ショックを相殺する点での自律性喪失は、EU内非対称的ショックの一般的減少の期待によって埋め合わせされない ・ユーロは労働市場および供給サイドの改革をやりやすくはしない**	

図3　ユーロ圏は中長期で政治的に持続するか？ ある分析枠組み

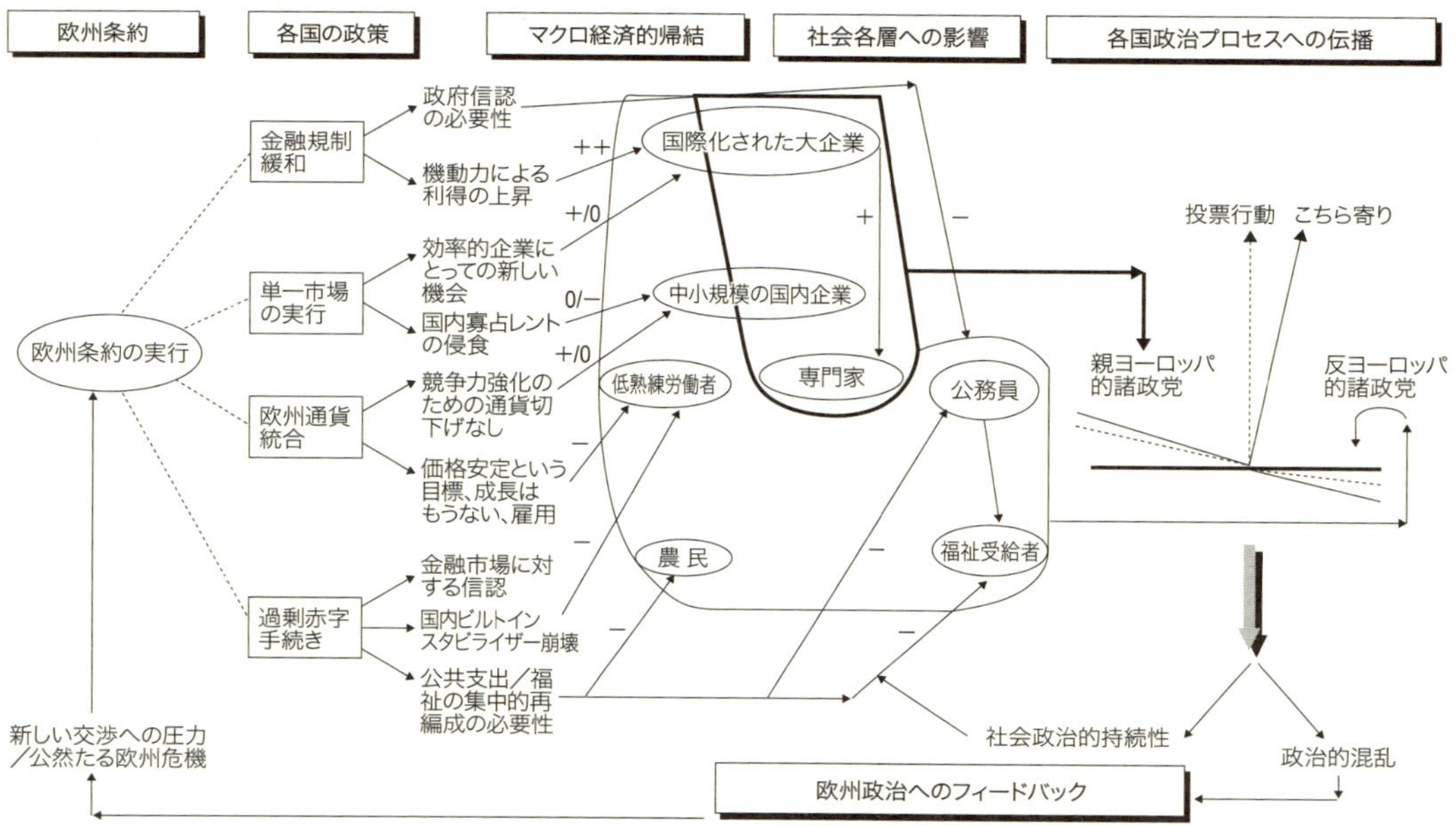
欧州条約
各国の政策
マクロ経済的帰結
社会各層への影響
各国政治プロセスへの伝播
欧州条約の実行
金融規制緩和
単一市場の実行
欧州通貨統合
過剰赤字手続き
政府信認の必要性
機動力による利得の上昇
効率的企業にとっての新しい機会
国内寡占レントの侵食
競争力強化のための通貨切下げなし
価格安定という目標、成長はもうない、雇用
金融市場に対する信認
国内ビルトインスタビライザー崩壊
公共支出／福祉の集中的再編成の必要性
++
+/0
0/−
+/0
−
−
−
−
−
+
−
国際化された大企業
中小規模の国内企業
低熟練労働者
専門家
公務員
農民
福祉受給者
親ヨーロッパ的諸政党
反ヨーロッパ的諸政党
投票行動
こちら寄り
社会政治的持続性
政治的混乱
欧州政治へのフィードバック
新しい交渉への圧力／公然たる欧州危機

制か大統領制か、比例代表型選挙制度か多数派支配型制度か、国民投票が可能なのか必須なのか、選挙の頻度や政権の平均的な期間はどうか、といったことが考慮されるべき要因である。フランスの例はこうした複雑さの好例である。二〇〇五年、ユーロ加盟継続についての国民投票が行われ、多数意見は否であった。にもかかわらず政府は、少々手直しした条約を議会に提出し、ユーロ制定に関するこの条約は承認された。

ユーロ圏の大いなるシステミック危機という目から見ると、二〇一二年という時点において、こうした政治制度のちがいはすべて、依然として重要な役割を演じている。ブリュッセル〔EU本部〕における合意はことごとく、各国内の政治的および法的（ドイツの憲法裁判所）な制度を通過しなくてはならない。こうした長くかかる混沌としたプロセスのなかにあっては（ギリシャにおける相次ぐ政権交替を見よ）、信頼できる戦略を策定できない政府の国債に対して大きな金利差《スプレッド》を押しつけることによって、国際金融界の方が主導権をとっていく。

3　ユーロの耐性か各国別経済政策への復帰か——恒久的な脅威

これまで述べてきた核心的議論が受け入れてもらえるなら、ユーロの失敗は、いかなる構築主義も失敗する運命にあるからというのでなく、危機はユーロのガバナンスにおける各種欠陥の結

図4　ユーロの成功か……各国別政策への復帰か

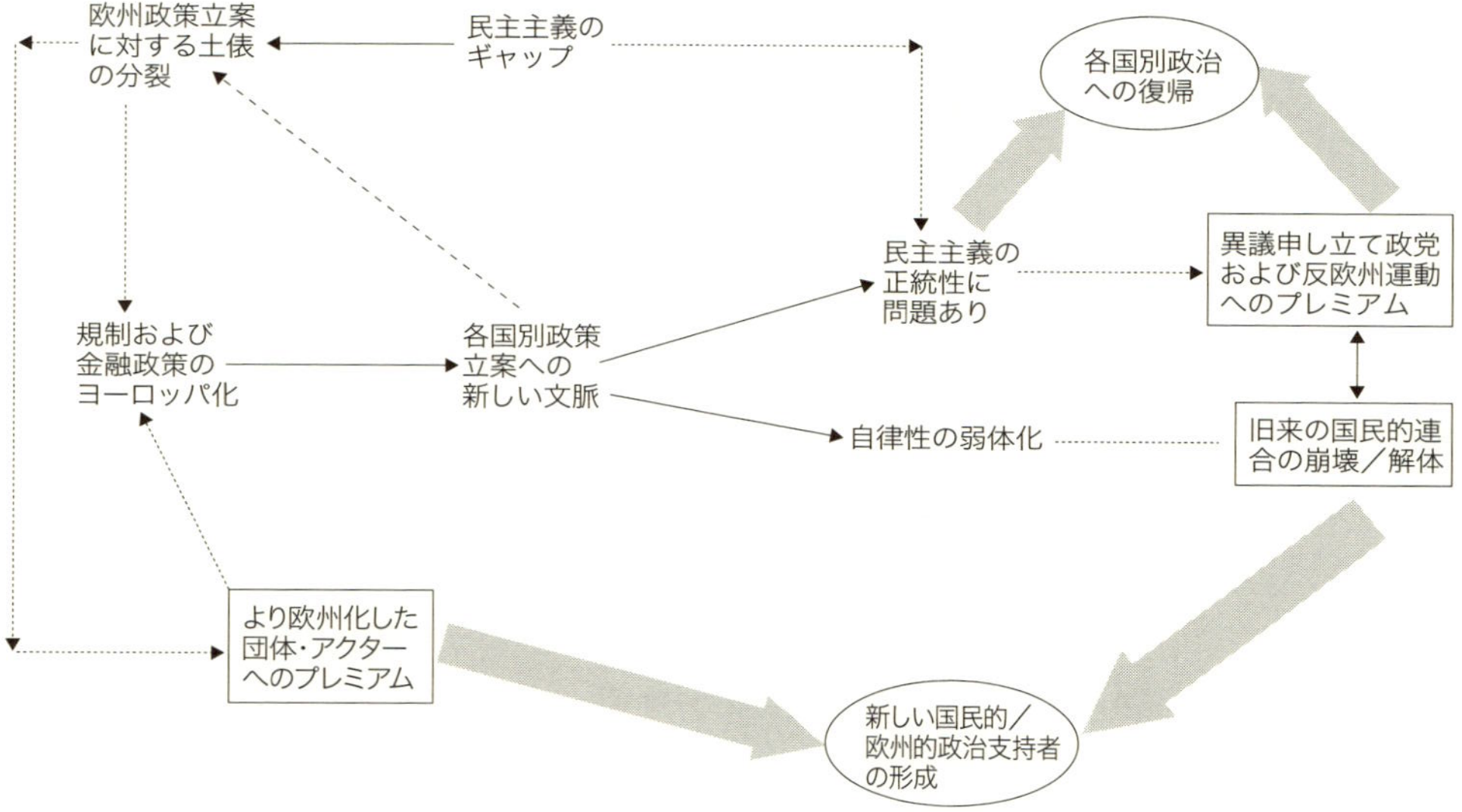

果だということである。こうした欠陥は本来ならば防止できたはずのものであり、ひとたび景気後退が克服されるならば、おそらくなお修正できるものであろう。にもかかわらず、ユーロの救済か国民国家の完全主権制への復帰かといった、二分法的選択に焦点を当てた論争が頻繁に過ぎるほど見られる（図4）。

広範にみられる各種関心がもっぱら二つの選択肢に集中していることには、いくつかの理由があろう。第一に、黄金時代へのノスタルジーがいまなお健在である。多くのアクターたちが夢みているのは、賃金上昇のすばらしい結果として、投資活力を維持しつつも高雇用や低財政赤字がもたらされた時代への復帰である。緊縮政策が失敗したというのなら、その反対の政策なら成功するはずだ！　かつての社会経済レジームに復帰しよう。こうした見解は明らかに、国際化、金融の隆盛、生産パラダイムのシフト、ヨーロッパ社会の転換といった、この二〇年が完全に逆転可能だと考えている。第二に、もし欧州連合がブリュッセル〔EU本部〕やフランクフルト〔欧州中央銀行〕で民主主義の原理を実行できないのならば、世論には、市民による政府のコントロールへと復帰することを要求する資格がある。そして今日までのところ、どんなに不完全だとはいえ国民国家は、政治が組織され民主主義が実行される唯一の領域なのである。欧州委員会、ECB、IMFが組んで行ったドラスティックな調整プログラムが実施されたことによって、ある種のテクノクラート的論理が民主主義にとって代わってしまったという感情に火がついた。

第三に、ＥＵは無制限の競争という隅石のうえに立脚し、また、製造業からサービス業•労働•金融へと冷酷にも競争を広げてきたことのうえに立脚してきたが、しかしＥＵには、もっと協調的な戦略が要請されている。こうした協調的戦略が欧州レベルで阻止されるのであれば、国家、地域、地方自治体が協調的戦略の味方をすることだってあろう。第四に、輸出主導型成長や金融化が全般化していくのには限界があり、この限界に直面して、反グローバリゼーション運動によって、ますます多くの世論が自由貿易の放棄について納得するかもしれない。もっと規制された公正な国際システムについての交渉が暗礁に乗り上げている状況では、欧州諸経済を再び各国別のものに戻すというのは魅力ある選択肢なのであり、これは極右政党や左派政党からともども提起されているところである。アルゼンチンはその破綻ののち、経済政策を完全にＵターンさせて目覚ましい回復を果たしたのだが、そのことが、ギリシャの今日的悲劇からの脱出路としてますます頻繁に引合いに出されている次第である。

これと対照的に、ヨーロッパ的諸制度の魅力はまことに少なく、そのせいで欧州統合が分岐していく可能性が助長されるかもしれない。危機脱出のハイロードか……それともヨーロッパという理想そのものの崩壊か。

4　近代化プロセスとしての、また不人気な国内改革を正当化するための萌芽的手続きとしての、ヨーロッパ化

南欧の多くの国民国家にとって、欧州共同体に、またこれに次いで欧州連合に加入することは、民主主義への移行を組織し、また公共インフラ、国内諸規制、そしてもっと広く企業の生産組織の近代化を加速し、そして大多数の人びとのライフスタイルを改善するための強力な道具であった。これはヨーロッパの黄金時代であって、その時期は終わったように思われる。加盟諸国と欧州諸機関の関係は、もはやプラスサムのゲームではない。低成長とともに、過去の社会的諸権利はますますその資金調達も維持も困難になってきたが、他方、福祉制度そのものは人びとから強い支持を得ている。

こういった文脈にあっては、国内的土俵のなかで政治家たちは、ドラスティックな改革はEU指令によって押しつけられたものだと主張することもある。指令が正当化されるためには一般に全会一致が必要であり、政治家たちがその決定に直接間接に賛同した場合でさえも、かれらは責任をとろうとしない。こうした曖昧な態度は一度や二度なら役立つかもしれないが、大多数の人びとによって否認された改革を正統化するための一般的原則にすることはできない（**図5**）。

公開調整方式（OMC：Open Method of Coordination）〔リスボン条約によって始まった、各国別経験

図5　国内的には阻止される改革に対して、制約ないしインセンティブとして欧州連合を利用すること

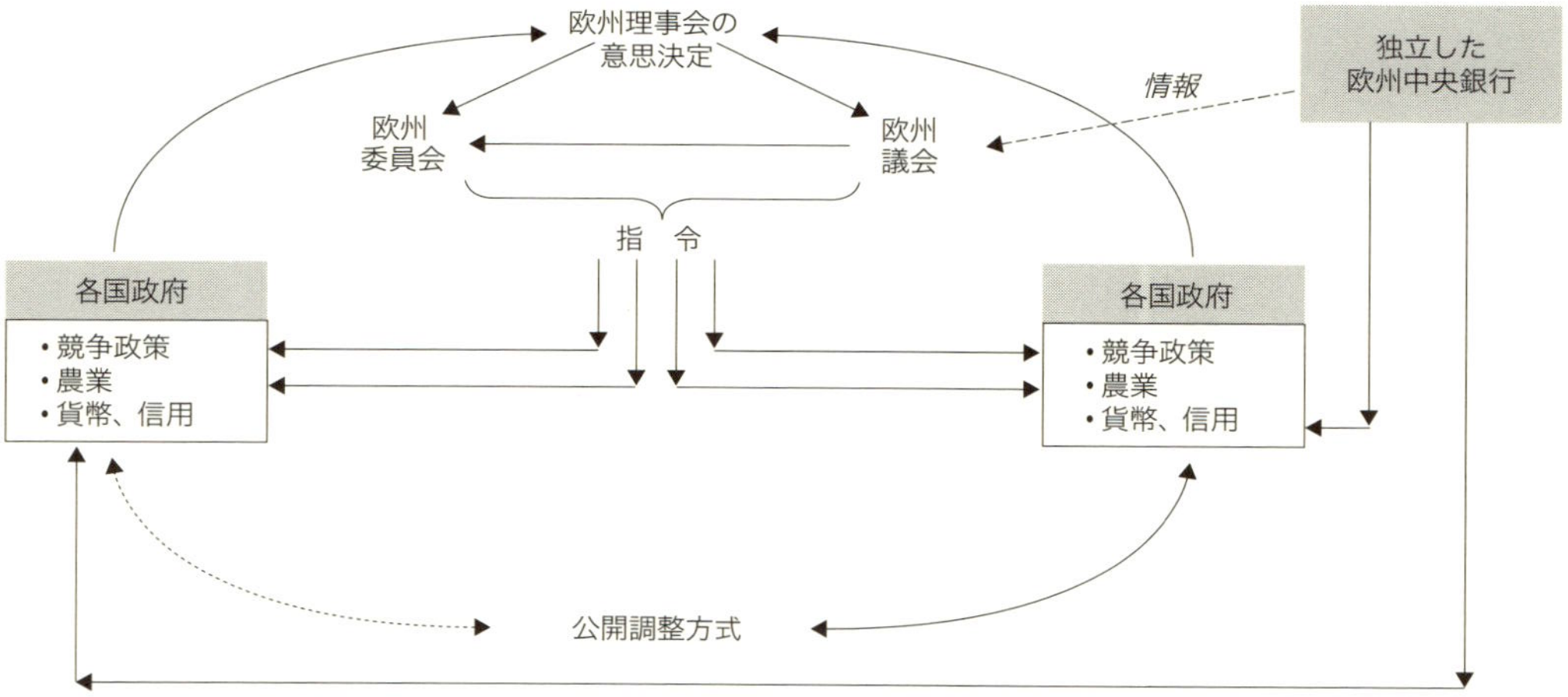

と自発的参加に基づく新しい欧州内手続き〕を創案したことによって（Rodrigues 2002）、福祉、労働制度改革、イノベーション政策、最後にジェンダー・公正問題の面での共通の目標に照らして、各国の改革を共同化していくことを基礎とした新しい道具が導入された。それは任意的な性質のものなので、このベンチマーク運動は、生産の近代化と福祉の改造を和解させる点でおよそ成功したとは言えないが、補完性原則〔第Ⅱ章1参照〕を尊重するという利点はあった。国内レベルの交渉はしばしば、不人気でおそらく非効率な改革を阻止したのである。

とにかく、伝統的な道具――指令――の有効性は失われ、新しい道具――OMC――は、ブリュッセルにおける課題設定と草の根レベルで作用している経済的社会的プロセスという現実との間の距離を克服できていない。これはEU全体にとって、そしてもちろんユーロにとっての大いなる弱点である。

5　欧州委員会が主導する共同体的アプローチから欧州理事会内の政府間交渉へ

欧州裁判所は重要な問題ではあるが、簡単化のためここでは省いておこう（前掲図5参照）。そのうえでわかるのは、欧州のガバナンスを形づくる諸機関のなかで、ユーロは諸機関それぞれの力の変移とかかわりをもってきたということである。

第一に、ＥＣＢ〔欧州中央銀行〕が創設されたことによって、経済政策の実行にかかわる欧州委員会の力は弱まった。貨幣は連合全体の責任事項であり、ＥＣＢは他のいかなる行政機関や政治機関からも完全なる独立性が与えられて、貨幣の責務をまったく単独で担う。これと対照的に財政政策は依然として各国に帰属し、こうして欧州委員会は、わずかに安定・成長協定の守護者として、また各国の中期プログラムの調整者として残っている。

第二に、欧州議会の力を拡大する改革がなされたにもかかわらず、議会の役割はごくごく限られたままである。ユーロ危機に議会が介入したということはほとんど見えてこない。したがって、ギリシャ危機への、またそれがポルトガル、アイルランド、スペイン、イタリアに次第に波及したことへの対応の主導権は、欧州理事会がとることになった。欧州理事会は、国家債務への毎回の投機的攻撃に対応して、下降スパイラルを止めるためますます頻繁に会合をもつことになった。

これは欧州委員会の長らくの沈黙や欧州議会のイニシアチブ的無能力よりはましであった。だがそれは、共同体的アプローチ〔ＥＵ固有の組織をベースとしたアプローチ〕を守る中心的アクターの不在を意味した。共同体的アプローチに代わって、政府間レベルの一連の骨の折れる交渉が登場した。その結果、まことに当てにならず疑問の多い妥協、意思決定の遅れ、眼前の問題の深刻さへの恒常的な過小評価が生まれた。ギリシャおよびスペインの銀行から始まった返済能力問題が波及するリスクが指摘されているというのに、いまだになお、ほとんどすべての国債危機や銀行

図6　相次いで失敗した安定・成長協定改革
――政府間交渉方式の優位化の現れ――

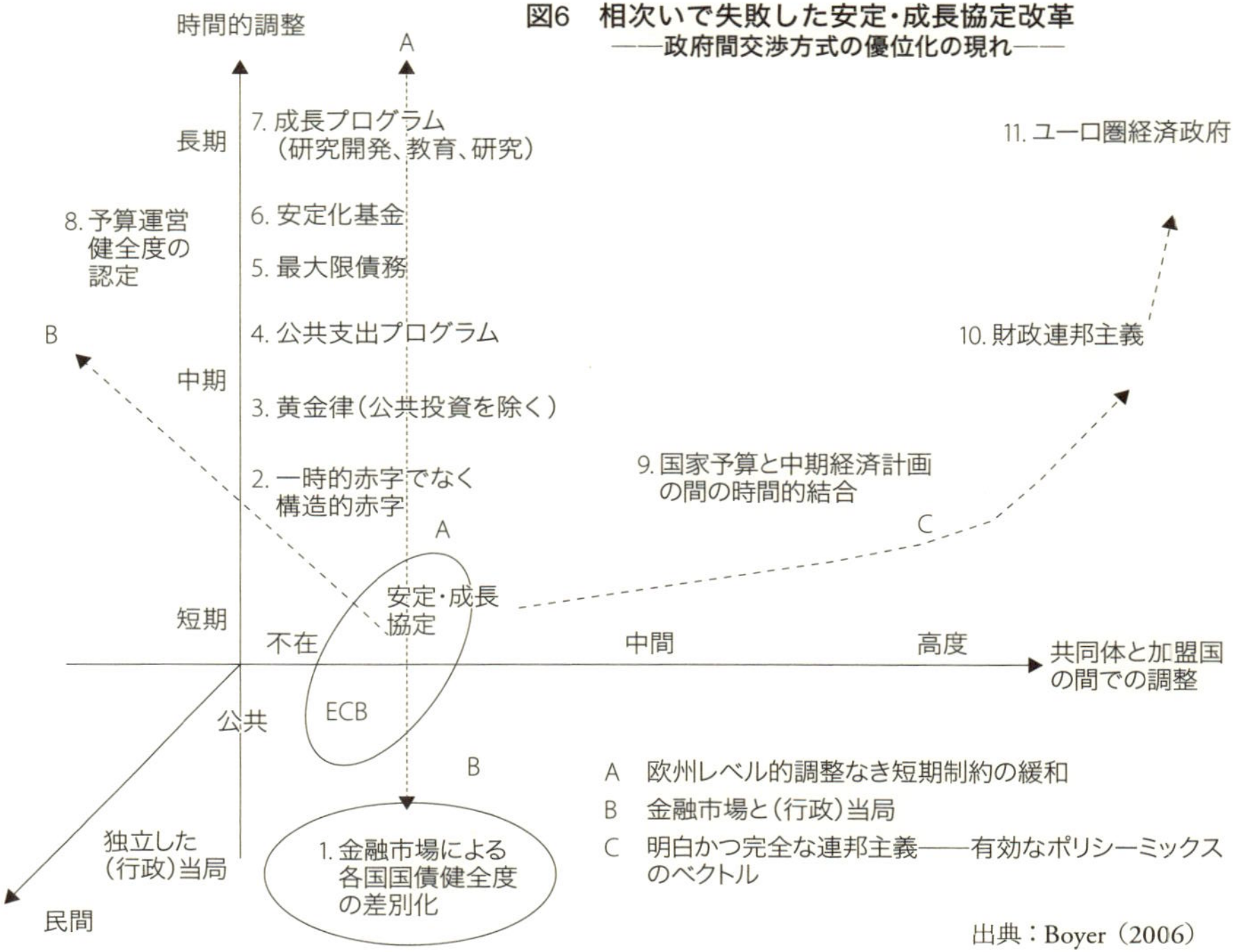

出典：Boyer（2006）

危機は流動性危機だとして取り扱われ、その結果、ＥＣＢの介入を要求している始末である。放漫財政を有効にコントロールする方向で成長・安定協定を改革することができないのは、政府間方式が有害な影響を与えるという好例である。つまり、各国政府は互いに制裁発動に従うのを免除しあい、欧州委員会はこうした危険なシフトを予防できなかったのである。ユーロ危機のかなりの部分は、このような（複雑な）欧州ガバナンス内の特殊な力の配分に由来しているのである（**図6**）。

6　同じ欧州条約だが各国の解釈はまちまち――なぜ救済プランは何度も失敗するのか

相次ぐ欧州条約の起草においてドイツ人は知的政治的主導権を握ってきた。かれらは、新しい通貨がドイツ的原理に従って運営されるかぎりでのみ、ドイツ・マルクの放棄を受け入れたからである。ドイツ的原理とは、何があっても公然たるインフレを防ぐこと、いかなる財政赤字のマネタイゼーション〔中央銀行の国債引受けによる財政赤字の解消〕をも禁止すること、ある国を他国が救済援助してはならないことである。全面的な連邦主義に到達することはできないが、それでもなおドイツは、かれらのオルド自由主義〔第Ⅱ章２参照〕を一部移植しようと考えた。一人ひとりが条約で合意されたすべての規則を遵守するときにのみ、ユーロはその役割を果たすことだろう、と。ここに劇的な誤解が発生する。すなわち、ユーロ圏の他の多くの加盟国にとっては、条約の各種条項は交渉の出発点であって、至上命令では全然ないのであった。ところが、合意した条項を遵守するということは、それについて議論したり自由に修正したりできない道徳上の問題なのである。北部ヨーロッパの諸社会ではこうした見方が広く普及しているが、南部ではそれほどでなく、こうした文化的／法的分断がユーロ救済プランをまことに困難なものにしつづけている。ドイツの世論にとっては、嘘をついてきた政府には好成績の政府に援助を乞う資格などないのである。救済援助がなくてやがて崩壊すれば、好成績の経済にもさまざまな――そして時には重大な――損失が降りかかるかもしれないが、しかしそれは、将来的にゲームのルールを尊重させるために払わねばならない代償なのだ。……もしEUそのものが存続しているのであるのならば！

こうした誤解には多くの面が絡んでいる。フランスのエリートは、ECBはよりよきポリシーミックスを達成するための道具であるべきだと考えるのだが、ドイツの専門家や政治家は、ECBの規範的役割はひとえに通貨の安定性を守ることにあるという。一九九〇年代に遡ってみると、英仏両政府は同じ条約に合意したのだが、両者の意図は正反対であった。すなわち一方にとっては、単一市場は世界的競争に対するヨーロッパの準備を整えるため、国内の国家介入主義という遺産を解体していく機会であった。だが他方にとっては、それは国民レベルでは非効率となった諸制度をヨーロッパ・レベルで構築していくための出発点であった（**図7**）。

図7　同一の欧州条約……しかしそこに含まれる力学観は対立的

1. 欧州中央銀行の考え方

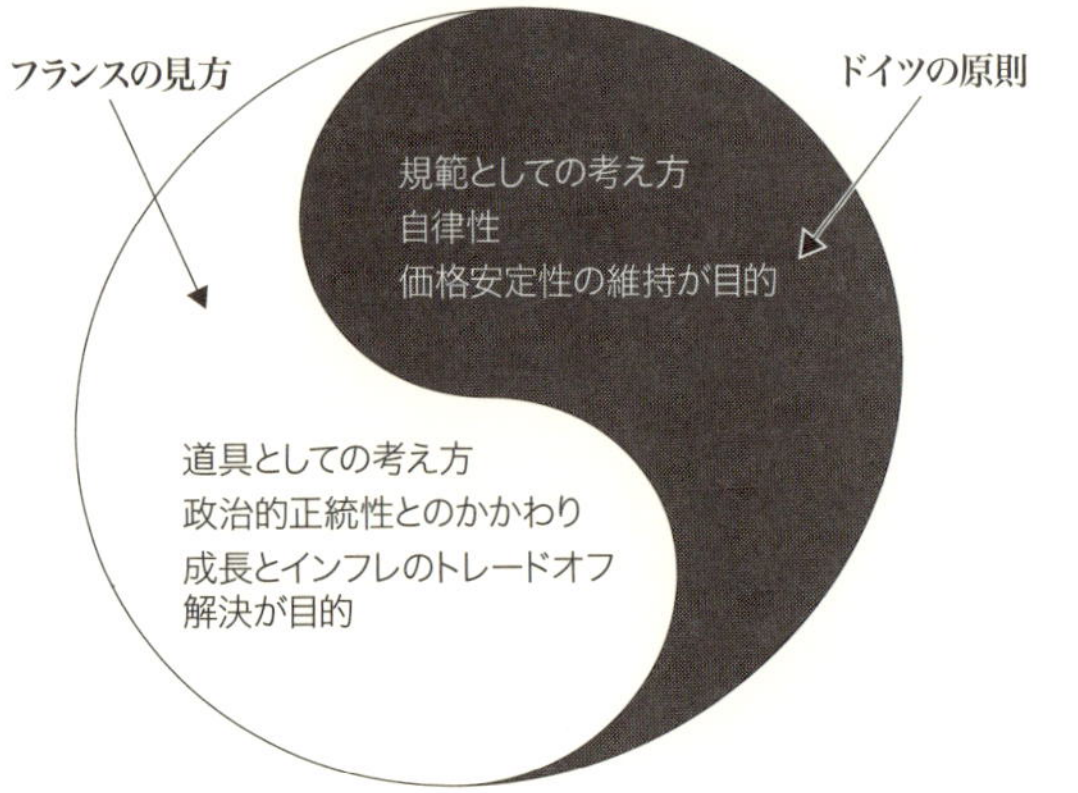

2. 経済的ガバナンスのための主導的メカニズム

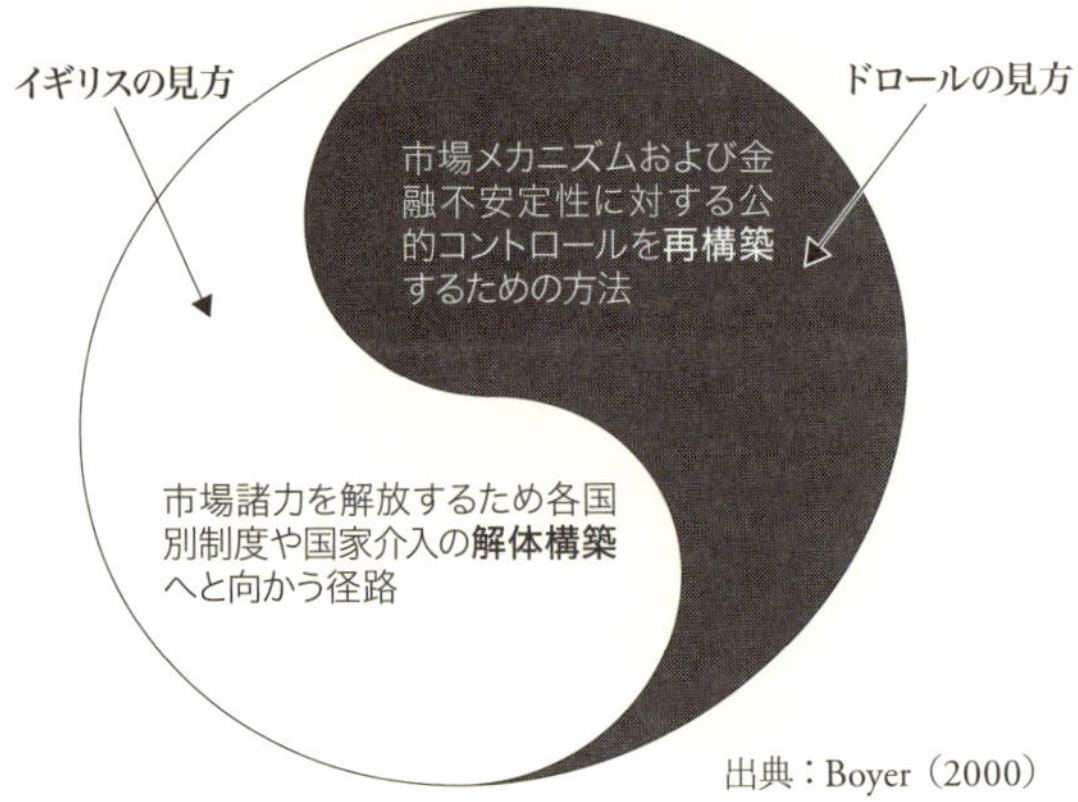

出典：Boyer（2000）

表8　ユーロ発足の逆説——北部の懸念、南部の熱意

欧州世論調査

1997年初頭

どちらかというと熱心 南部ヨーロッパ		懐疑的 北部ヨーロッパ	
フランス	70％ がユーロを肯定的に評価 58％が必要な犠牲よりも利益が上回ると考えた	ドイツ	60％ はユーロに懸念表明
スペイン	70％ がユーロを肯定的に評価	イギリス	58％がユーロを懸念……しかしビジネスマンの 56％がイギリスのユーロ加盟を支持
ポルトガル	自国が第一次のユーロ加盟を果たすため、53％が財政金融的犠牲を覚悟	オランダ	ユーロ受容論は激減 1995 ： 73％ 1996 ： 46.3％ 1997 ： 34％
イタリア	70％ がユーロを肯定的に評価		

出典：Le Sondoscope（1997）

もう一つの誤解があって、それがヨーロッパにおける政治交渉をいっそう困難にしている。一九九〇年代末の世論調査が示すところでは、ある対照的な構図があった。南部ヨーロッパおよびフランスの世論はユーロを熱望していたが、北部ヨーロッパとくにドイツでは、人びとはユーロに懸念をいだいていた（**表8**）。振り返ってみると、今日、第一のグループはユーロに踏みとどまるのに大きな困難をかかえ、他方、第二のグループは、自国国内市場の活力喪失——これは長期にわたる賃金緊縮の帰結である（ドイツ）——とは対照的に、自国の成長を後押しするために欧州市場を利用する点で、みごとに成功したのである。

そこから究極の逆説が生ずる。すなわち、南部ヨーロッパでの大多数の世論はユーロ圏に参加しつづけたいと宣言しているが、その生産構造や産業特化のせいで、ユーロのルールを遂行するのがきわめて困難となっている。北部ヨーロッパ（ドイツ、フィンランド）では、ドイツは、結局は好況・不況期を問わず、他のヨーロッパ諸国から経済的に利益を得てきたという事実があるのだが、それにもかかわらず、南部に対するいかなるヨーロッパ的連帯にも強く反対する世間的感情を前にして、政治家たちはこれをなだめなければならないのである。

第Ⅳ章

ユーロ圏危機の発生と展開における金融グローバリゼーションの役割

思い起こせば、金融グローバリゼーションがもたらした大いなる不安定性に対抗して、ほかならぬ単一欧州市場の永続を支えるためにユーロを創出し、まず為替レートを安定させ、こうして多くの国が自らの通貨主権を共同化したのであった。欧州条約の方は、独立した欧州中央銀行〔ECB〕を創設し、そこに低インフレの維持という目標を託したのであった。というのも通貨の安定性こそは、ユーロの信認にとって、したがってユーロの存続可能性にとって必須条件だと考えられたからである。ユーロ地域における加盟国間の為替レートを変更不可能なものとして固定することによって、加盟国間の貿易が促進され、金融ポートフォリオの多様性が促進されると考えられていた。

1　国際金融界による驚くべき評価
――ドイツからギリシャまですべての国債は同じものとなった――

ある意味で、導入期こそ大いなる不確実性に満ちていたが、それが過ぎると単一通貨は、国際金融界を説得して、二〇〇二年以降、ユーロ圏内のすべての国債に同一金利を適用するという承諾をとることになり、自らの目標を達成した。ギリシャ、ポルトガル、スペインは一九九〇年代後半まで、きわめて高い利率を支払わなければならなかったのだが、ユーロに加入できたことによって、これら諸国はドイツに与えられたのと同じ有利な待遇を受けることができるようになっ

グラフ1　10年もの国債金利の収斂

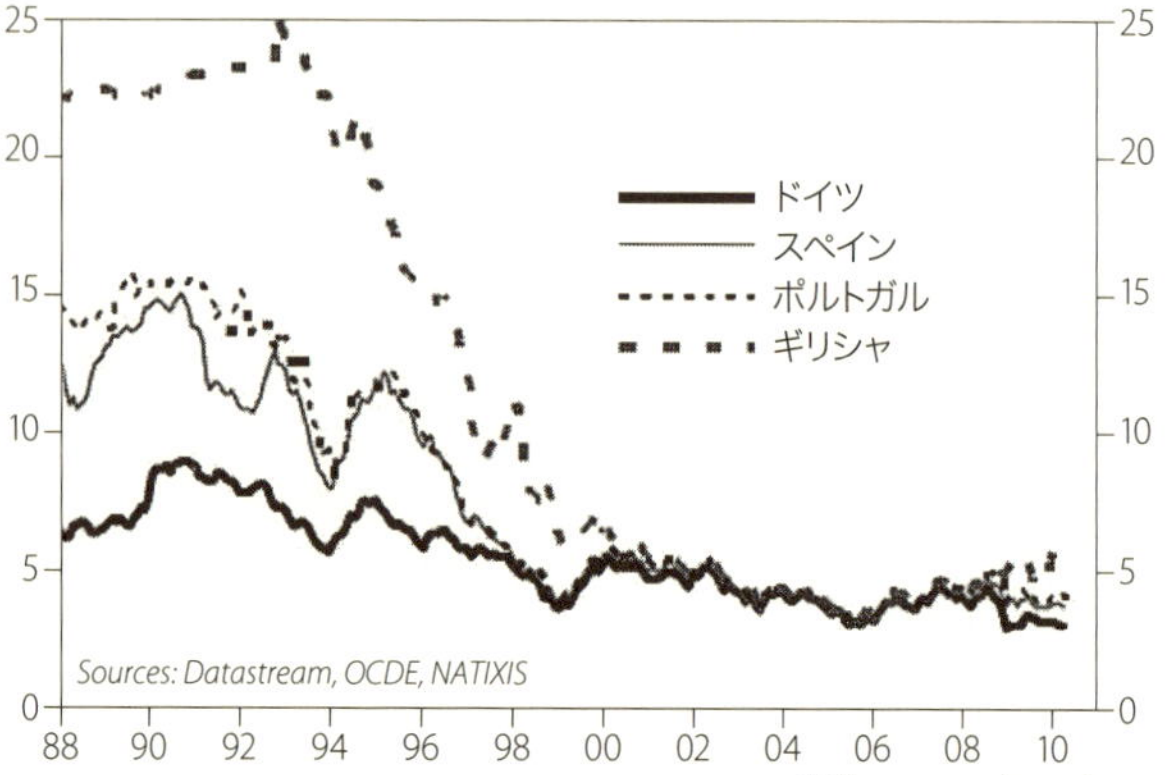

出典：Artus（2010）

た（**グラフ1**）。だが、あらゆる国債金利のこうした完全なる収斂は、経済分析の間違いと欧州条約の誤解に由来しているのである。

・ユーロ加入に際しては明らかに、第一のリスク要因が度外視されていた。というのも、いったんドラクマ、エスクード、ペソがユーロに置き換えられると、交換比率は一回限りのものとして固定されていたからである。しかしながら、先んずる数十年、通貨切下げはよく使われた手であったのだが、EU条約のもとでは、定期的な通貨切下げができないので、いくつかのユーロ加盟国が自国経済の競争力を維持することができなくなることがあるということを、慎重に考慮しておくべきであった。この点、アルゼンチンは、ペソとドルとの完全不可逆な等価性をもってカレンシー・ボード制（ドル連動性）を採用したが、二〇〇一年に劇的に崩壊した経験をもつ。それが示しているのは、一〇年間に積み上がったマクロ経済的不均衡を抑え込むには、憲法上の保証があっても有効な力にはならないということである。なぜならば、為替レートの硬直性によって自国の競争力がこっぴどく罰せられたからである。

・第二の帰結は予想どおり間違いだと判明した。ユーロになると地域一帯でインフレ率がほぼ同じになるだろうという。だが欧州中央銀行の定款によれば、ヨーロッパ全域にわたる低インフレの維持しか謳われていない。ということは、若干の国——とりわけ南欧諸国——は国際競争から保護されたセクターに特化しているがゆえに、これら諸国が平均以上のインフレを経験するということもあるということだ。現に二〇〇一〜二〇〇七年、年平均インフレ率は一・一％のドイツから四・一％のスペイン、三・二％のギリシャまで広がっていた（Sapir 2012）。その結果、時とともに南欧経済やアイルランドの生産コストは他の欧州諸国のそれから乖離していき、貿易収支が悪化していった（後掲のグラフ3参照）。だが当初、この点はこれら諸国の成長にとって障害とならなかった。というのは、欧州の各銀行がユーロ地域全般にわたってポートフォリオ展開をしたことによって、少なくとも二〇〇七年まではこうした貿易不均衡が埋め合わされていたからである。ところが何年間もこうしたインフレ率の開きが解消されず、そのことが製造業および貿易可能サービスの収縮という形をとって現われてきた。その結果、外国からの恒常的かつ大量の信用流入に、そしてそれよりは程度は小さかったが、北部ヨーロッパの黒字国――特にドイツ――からの資本流入に、体系的に依存するようになった。

- しかしながら、国際金融分析における第三の間違いは、いうところの完全に合理的なアクターに影響を与えているがゆえに、なおいっそう謎に満ちている。トレーダーたちは、欧州条約がユーロ加盟国間の財政金融的連帯を禁じているということ〔リスボン条約第一二五条〕を考慮していなかったのである。加えて、ユーロに参加したからといって、例えばギリシャの財政がドイツのそれのように強力かつ良好に運営されるようになるとは限らない。ギリシャの政策当局が国家のバランスシートから公的債務の一部を取り除くために、各種の会計操作や高度な金融手段に訴えねばならなかったというのは周知のことだったので、こうした特徴点を考慮しないというのはますます驚くべきことである。さらに、地中海諸国をユーロ圏に迎え入れるというのは、大いなる論争課題であった。というのは、多くのアナリストや政治家たちが強調するところによれば、これら諸国のいくつかはユーロ地域への長期的統合に耐えうる生産システムや制度構造を構築していなかったからである。最後に、ギリシャの加盟は経済的というより政治的な議論によって決められた。欧州連合は民主主義誕生の地ギリシャを排除できなかったというわけである。

2　うわべの収斂のもと、産業特化と国内成長体制は分岐した
――ユーロが加速した構造的補完性……――

さらにまた別の間違った分析や予測について、ここに再度強調しておくのがよかろう。すなわち、多くのユーロ反対論者の予想によれば、安定・成長協定（単年度財政赤字／GDP＝三%以下、国債累積残高／GDP＝六〇%以下の取決め）が意味する制約との関係で、価格安定のみに焦点を当てた通貨政策しか採れないということは、ヨーロッパが低成長圏になり、いちばん競争力のない諸国――つまり南欧諸国――は欧州平均よりもずっと低い成長しかしないということになるという。だが、二〇〇一年から二〇〇八年にかけて見られたのは、現にその正反対のことだったのであり、その理由は、金利の急落によってこれら諸国で住宅購入や耐久財したがって需要が刺激された点にある。これと並んで北部ヨーロッパは工業製品に特化し、これを南部や新興経済諸国にも輸出し、こうしてユーロ圏の対外貿易バランスに貢献し、ユーロの信認にプラスの作用をもたらした。これと対照的に、他の諸経済は一般に貿易できない国内サービスに特化した（**グラフ2**）。

……こうして黒字と赤字への貿易収支の二極分化が生じた。

グラフ2　欧州内特化の深化――北の製造業、南のサービス業

A―総付加価値中の製造業のシェア

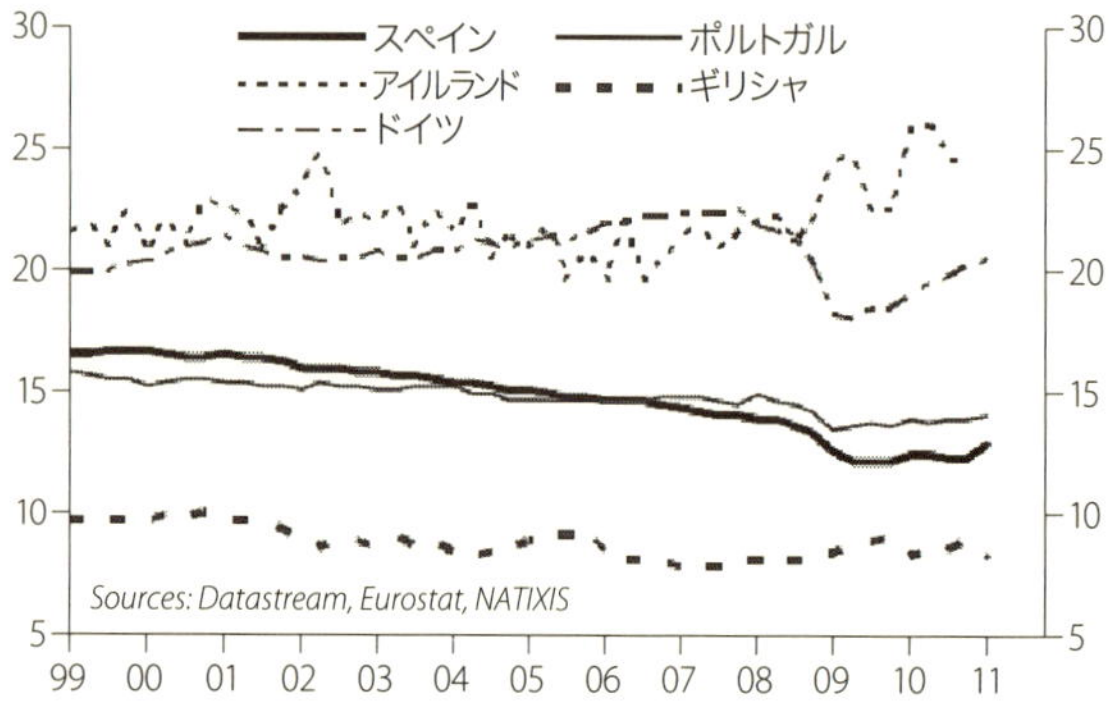

B―国内向けサービス業の雇用（1999年第1四半期=100）

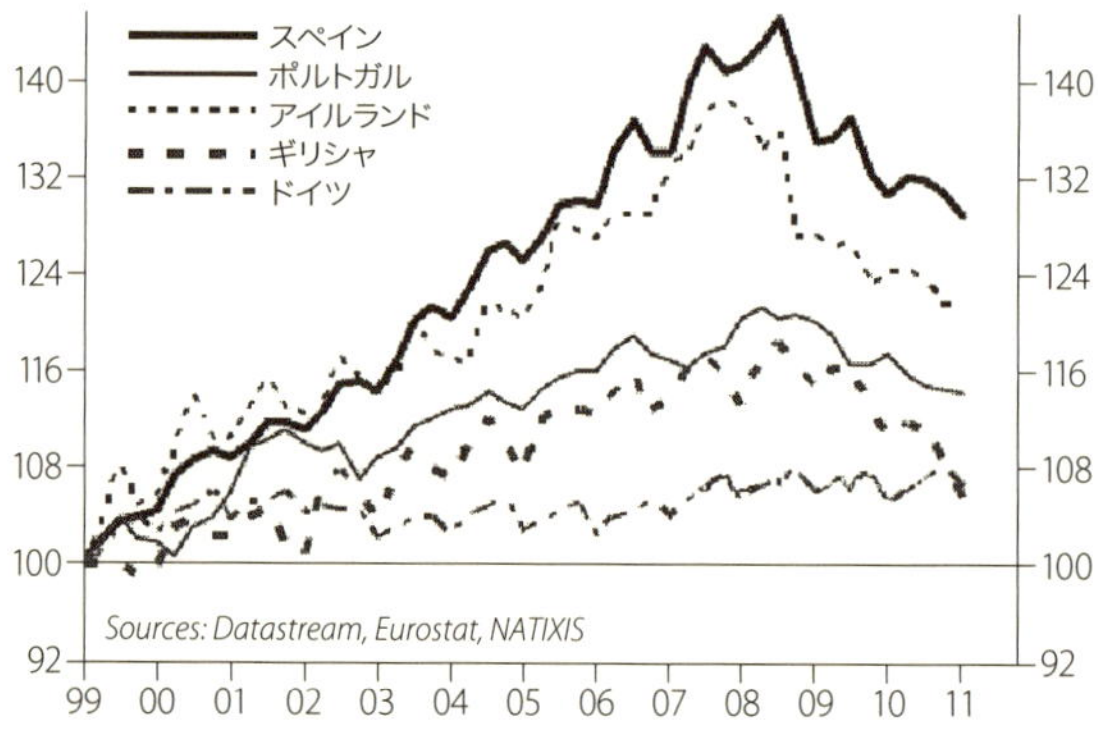

出典：Artus（2011c）

グラフ3　ユーロ圏内の対外収支の両極化

経常収支／GDP（%）

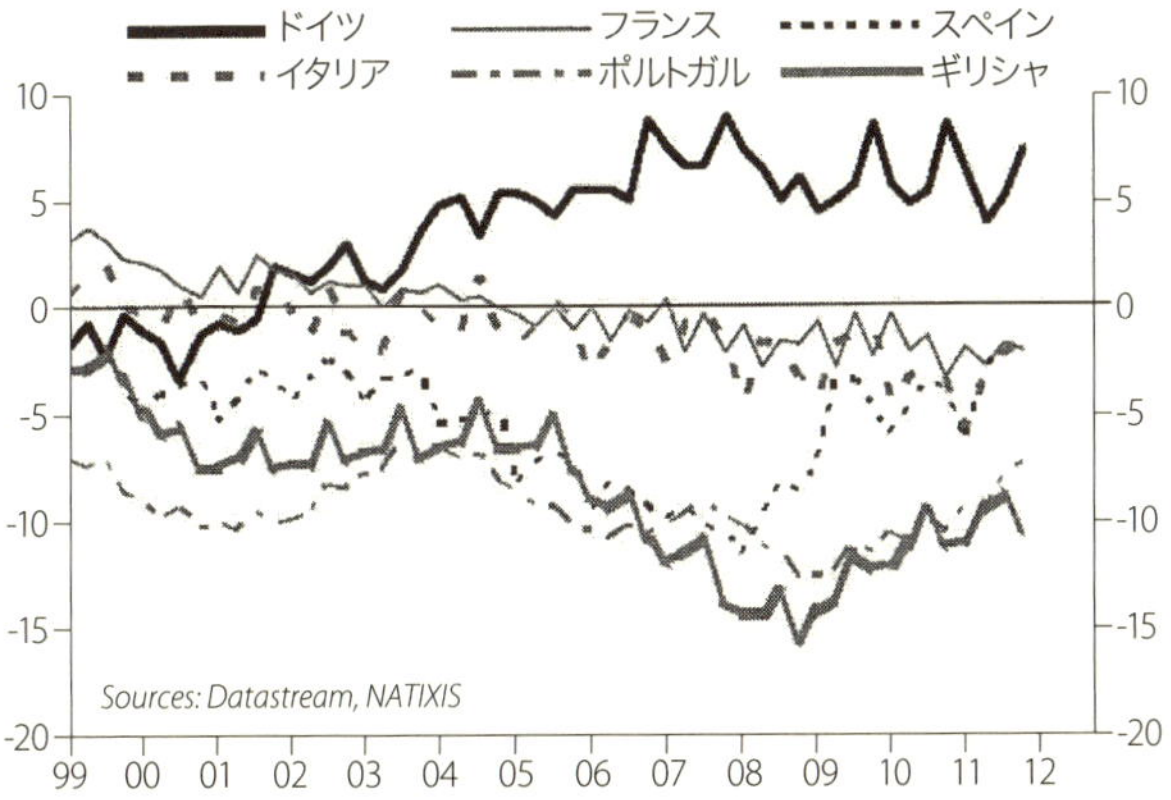

出典：Artus（2012d）

その結果、特化、需給均衡、信用フローの点でこれら両地域間に構造的補完性が出現した。だがそれが意味するのは、高付加価値・高熟練経済と伝統色の強い生産に限定された経済との分岐である。この域内不均衡は二〇〇〇年代初めにはほとんど気づかれていなかったが、新興工業諸国との競争によってこうした生産分断はますます尖鋭化した。最後に、例えばアイルランドやスペインでは不動産市場および株式市場のバブルが観察されたのだが、これは人為的かつ一時的に国内成長を加速させた。競争力が落ちている国内生産システムはこの内需ブームに対応できず、これら諸国すべてで貿易赤字が拡大した。とりわけユーロがドルや他の通貨に対して高くなったときには、そうであった。まことにドイツ、オランダ、そしてその他の北部ヨーロッパ諸国は貿易黒字を拡大し、これが形成途上の国際通貨たるユーロの持続性を確かなものにしたのであるが、しかし同時にユーロ地域内の内的不均衡を拡大してしまったのである（グラフ3）。

3　ユーロ信認の恩恵ははっきりしない――ユーロ高は多くの国民経済の競争力を危険にさらす

ユーロは域内の為替変動性の問題を解決するが、為替レート体制の問題にかかわることはない。資本フローの域内・域外自由化という背景のもと、ＥＣＢはユーロ／ドル／円の為替レートを監視できていないし、同時にまた、その本来の目標たるインフレを抑制できていない。

当初は、どちらかというと単純なマネタリズムに固執していたので、いくぶんなりとも楽観的な評価が導き出されていた。もしヨーロッパのインフレを抑制できるならば、購買力平価均衡為替レートみたいなものが普及し、ほぼ自動的にユーロ圏の競争力が保証されることになるだろう、と。

不幸なことに、一九八〇年代以降、グロスの国際資本移動は貿易額とくらべて、対外直接投資（ＦＤＩ）とくらべてさえ、はるかに急速に増大した。その結果、対外資本収支のポジションが為替レートの変動を主導するようになった。こうして為替レートは、中長期の貿易収支やそれぞ

グラフ4　ユーロ／ドル／円／為替レートの推移

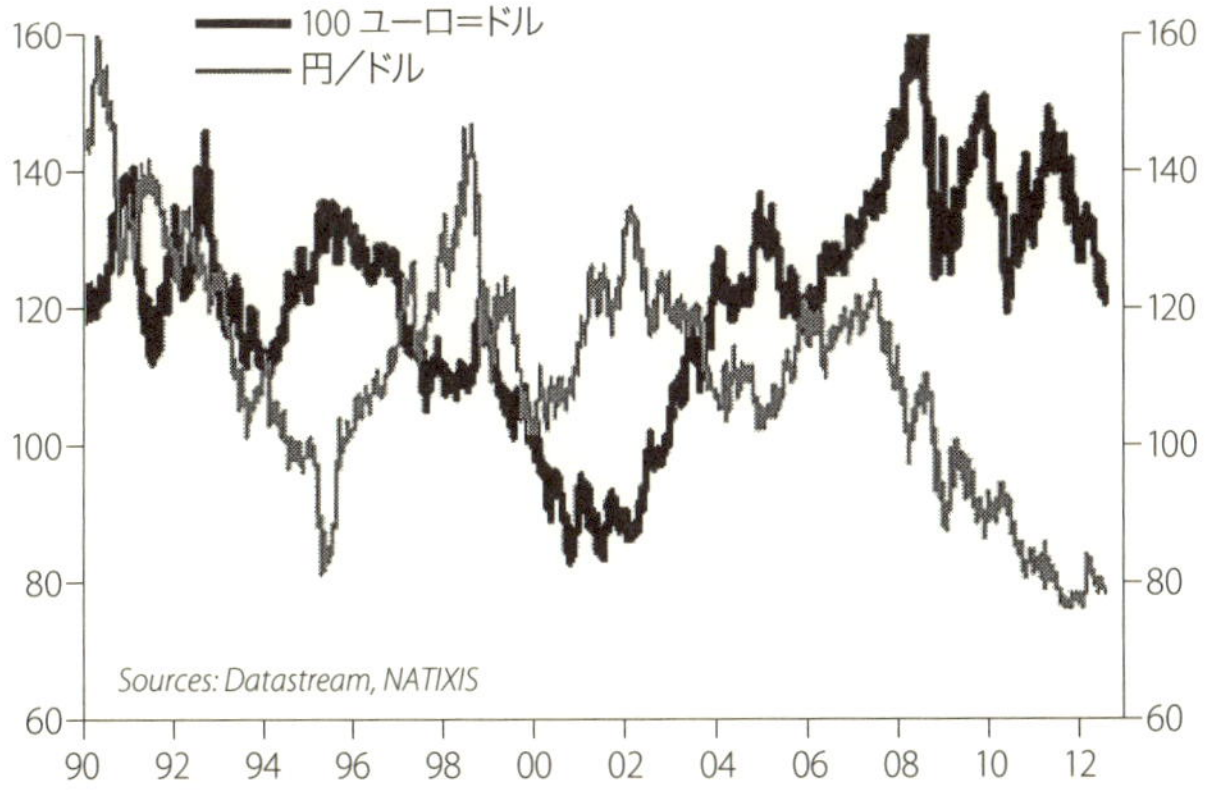

出典：Artus（2012c）

れの国内特化産業の競争力を保証するレートからは、はるかにかけ離れてしまった。ユーロ発足二年後の二〇〇二年、対ドルでのユーロ高という長期の過程が始まり、危機の直前にはユーロの価値はほぼ倍増していた（**グラフ4**）。

こうした動きは、自然資源価格の高騰期にヨーロッパのインフレを緩和するのに役立ち、おかげで中立的ないし少々拡張的な通貨政策を維持することができた。しかし、こうした明白な成功という表面の背後で、ユーロ圏の全般的競争力が悪影響を受け、製造業をはじめとする貿易財セクターにおける雇用にマイナスの影響が出てきた。ユーロ高は主としてEU域外への生産能力の移転を引き起こし、もはや域内への移転はなされなかった。遺産として極度に低い潜在的成長が残された。

しかし強いユーロは、すでにこの旧大陸のアキレス腱となっていた生産の大いなる異質性を激化させた。

・一方で、イノベーション・輸出主導型の成長パターンにある諸経済は、相対的に容易にこれに対処することができた。というのも、多くのセクターや企業は技術的先端にいるので価格設定者《プライスメーカー》であり、こうして高付加価値活動を国内で確保するという、賢明なる海外移転戦略を展開することができたからである。ドイツや多くの北欧諸国は長らくこうした道を歩んできた。大きな改革を行って以降、これら諸国は二〇〇〇年代きわめて好調であった。

・他方で、他の諸国はより多く国内市場に頼るようになり、主に保護セクター（建設、宅配サービス……）を通して発展した。輸出セクターは一般に小さく、成熟産業の標準製品に特化しているという性格からして、価格競争にきわめて敏感である。ユーロ高とともに、これら諸国の脱工業化はスピードアップした。

ここに現在の欧州危機の芽がある。財政の持続困難性は、多分に国内の生産ポテンシャルの弱さを反映している。ユーロは南欧の競争力のこうした劣化の影響から自由ではなかった。

郵便はがき

料金受取人払

牛込局承認

5507

差出有効期間
平成26年11月
18日まで

162-8790

東京都新宿区
早稲田鶴巻町五二三番地

株式会社 藤原書店 行

（受取人）

ご購入ありがとうございました。このカードは小社の今後の刊行計画および新刊等のご案内の資料といたします。ご記入のうえ、ご投函ください。

お名前	年齢
ご住所 〒 TEL　E-mail	
ご職業（または学校・学年、できるだけくわしくお書き下さい）	
所属グループ・団体名	連絡先
本書をお買い求めの書店 市区 郡町　書店	■新刊案内のご希望 □ある □ない ■図書目録のご希望 □ある □ない ■小社主催の催し物案内のご希望 □ある □ない

読者カード

本書のご感想および今後の出版へのご意見・ご希望など、お書きください。
(小社PR誌『機』に「読者の声」として掲載させて戴く場合もございます。)

■本書をお求めの動機。広告・書評には新聞・雑誌名もお書き添えください。

□店頭でみて　□広告（　　）　□書評・紹介記事（　　）　□その他（　　）
□小社の案内で

■ご購読の新聞・雑誌名

■小社の出版案内を送って欲しい友人・知人のお名前・ご住所

お名前　　ご住所 〒

□購入申込書（小社刊行物のご注文にご利用ください。その際書店名を必ずご記入ください。）

書名　　冊	書名　　冊
書名　　冊	書名　　冊

ご指定書店名　　住所　　都道府県　　市区郡町

4　世界サブプライム危機の帰結
――財政悪化に反応した国際金融界は荒々しく目覚ましベルを鳴らしたのだが……――

二〇〇二～二〇〇七年、アメリカの住宅ブームと中国の急成長が重なって、世界経済が高い成長をつづけるにつれて、ユーロ地域における内的不均衡が深まっていったのだが、欧州当局はこれにまったく気づかずじまいだった。もっと悪いことに、例えばスペインやアイルランドは倣うべき将来性あるモデルだとされ、当局は国際金融業者の関心事に疑念を抱きさえしなかった。国際金融業者は、自らの典型的に順景気循環的《プロサイクリカル》な期待形成に従って、眼前のブームをそのまま将来へと延長して予測する傾向がある。これが反転したのはやっと二〇〇八年九月、リーマン・ブラザーズが破綻した後のことだった。世界貿易の急落と根本的な不確実性が金融システムを麻痺させ、こうして公共当局は、その政治的傾向がどうであれ、経済活動を支え銀行を全面支援し救済援助するためのプログラムに着手せざるをえなくなった。各国政府ははっきりと、一九二九～一九三二年級の劇的な不況を避けようとしたのであり、自動安定化装置を作動させた。その結果、財政赤字が激増した。こうした文脈のなか、公的債務の対GDP比が高いレベルに達し、わずかながらの景気回復〔二〇〇九三月以降〕のおかげで一九三〇年代の再来はないようだとわかるや否や、国際金融業者の眼にはこれは警告として映った。グローバル危機は、以前は無視されていた不均

グラフ5　2008年以後の特定国財政赤字の深刻化

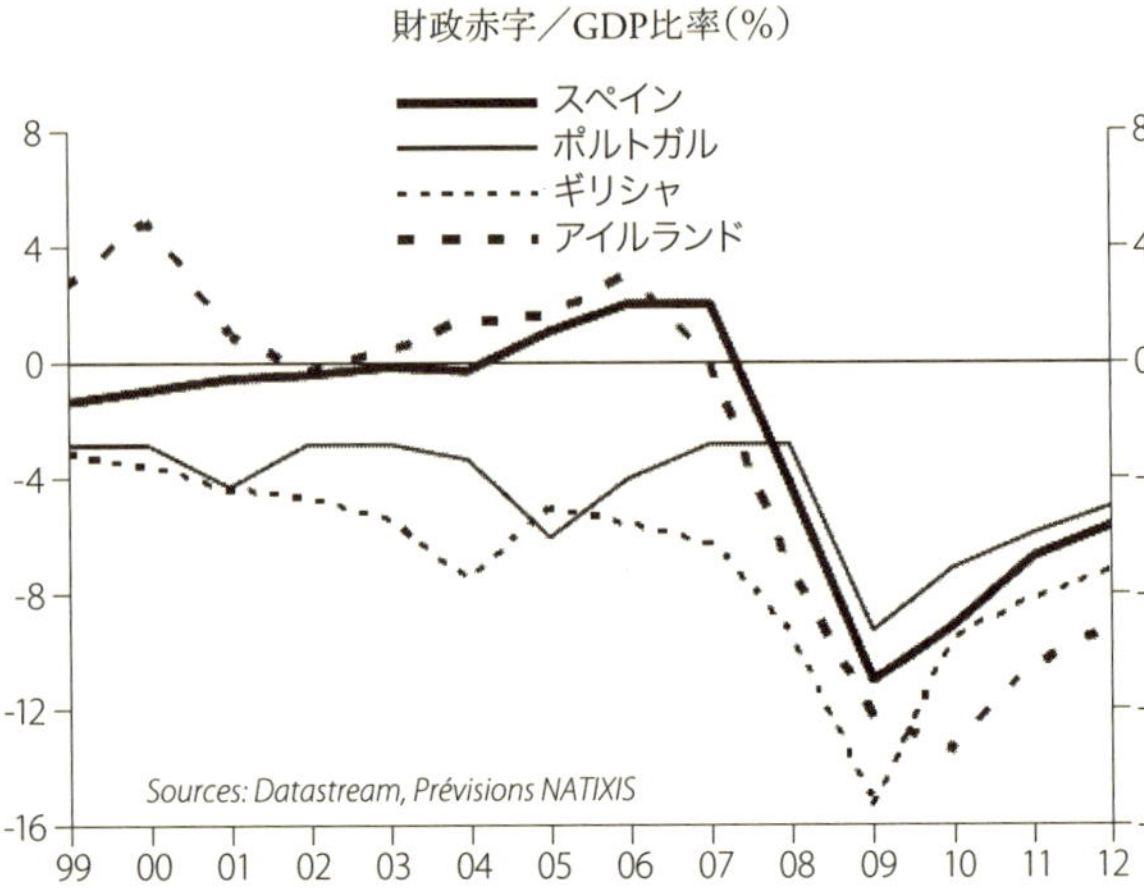

出典：Artus (2011b)

衡を可視化するという効果があったわけである。つまり二〇一〇年以降、ギリシャ、ポルトガル、アイルランドの財政の長期的持続可能性が金融業者によって検討されるようになり、その評価は否定的なものであった（**グラフ5**）。……それはギリシャ、ポルトガル、アイルランドにとって国債借換えコストの爆発的増加をともなっていた。

ここに至って国際金融業者は、ユーロ圏の各種加盟国の財政健全度を評価するための判定基準を突然に再検討しはじめた。最初にかれらの関心を引きつけたのはギリシャとポルトガルであった。少なくともかれらは、これら両国がユーロ参加以降、ほぼ毎年確実に、安定・成長協定によって許可された額を超える赤字を積み上げてきたことを知ったからである。世界危機の跳ねかえりを受けて、以前から見られた特徴が可視化されたのである。スペインとアイルランドはこれに当たらない。ところが、この両国もまた第二弾の否定的評価を受け、また格付機関によって国債を格下げされてしまった。ユーロ加盟以来、これら両国政府は慎重な財政政策を堅持し、危機に先立つ数年間は若干の黒字を出していたという事実があるにもかかわらず、なのである。仮にギリシャでは公共セクターのスリム化は妥当なことかもしれないが、スペインとアイルランドに対しては、同じ手は大いに疑わしい。というのは後者にあっては、危機は多分に投機ブームによって火をつけられた民間信用に由来しているからである。あれほど低い名目金利を続けたので大量の住宅バブルに拍車がかかり、バブルがはじけると政府赤字が拡大した。税収が落ち、銀行救済支出や福祉移転費用が激増したからである。ここでもまた、諸国の金融的強靭性を評価するために使われたモデルの粗雑さに驚かされる。アイルランドとスペインの場合、負債の借換え《リファイナンス》コストが激増したが、それは誤って国家運営の失敗のせいにされた。これら諸国の危機は多分に、怪しげなバブルへと乗り出した民間アクターの失敗の結果であるというのに、である。質への資本逃避は、ドイツ国債の低金利を意味する。二〇〇二〜二〇〇七年の金利収斂期間が長かった分、それだけいっそうこの金利分岐は強烈である（**グラフ6**）。

この唐突な運命の逆転を観察することによって、二つの一般的教訓が導き出される。一つは欧

グラフ6　南欧諸国国債借換えコストの爆発的上昇

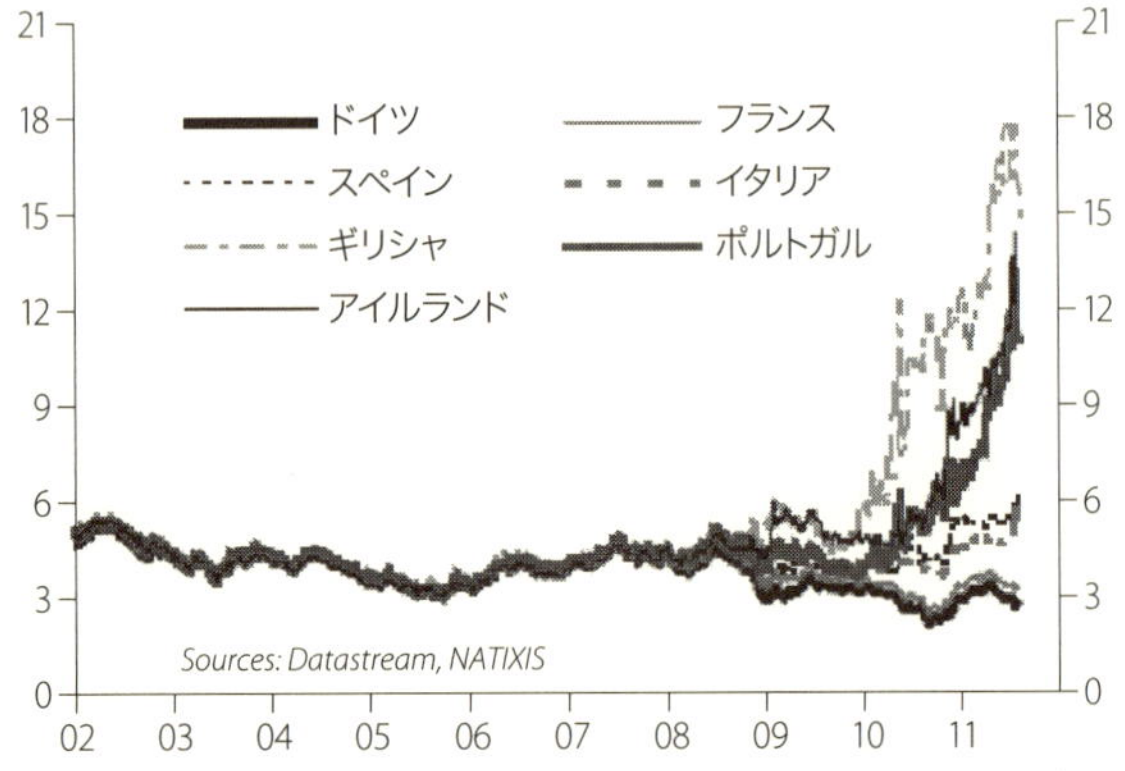

出典：Artus（2011d）

州統合の本性についてであり、もう一つは自由化された金融市場のロジックについてである。

第一に、危機解決に対するこうした「誰にも同じ基準を」的アプローチが示しているのは、金融業者や公共当局にとって、EU内で共存する各種社会経済レジームの異質性を考慮することがいかに困難か（Amable et al. 1997; Amable 2003）、また、欧州の諸制度を再検討し、加えて民主主義的原理を遵守する点で、こうしたハンディキャップがいかに深刻であるか（Höpner et Schäfer 2012）、ということである。

第二に、金融市場のカギとなる特徴が強調されねばならない。金融市場における評価は、債務不履行《デフォルト》の蓋然性を決定する全要因を理解しようとする分析的モデルにまったく立脚しておらず、極度に場当たり的で主観的な認識に基づいており、この認識は好調時には超楽観的となり、経済が反転すると超悲観

図8　金融投機によって欧州ガバナンスの制度的アンバランスがいくつか暴露された

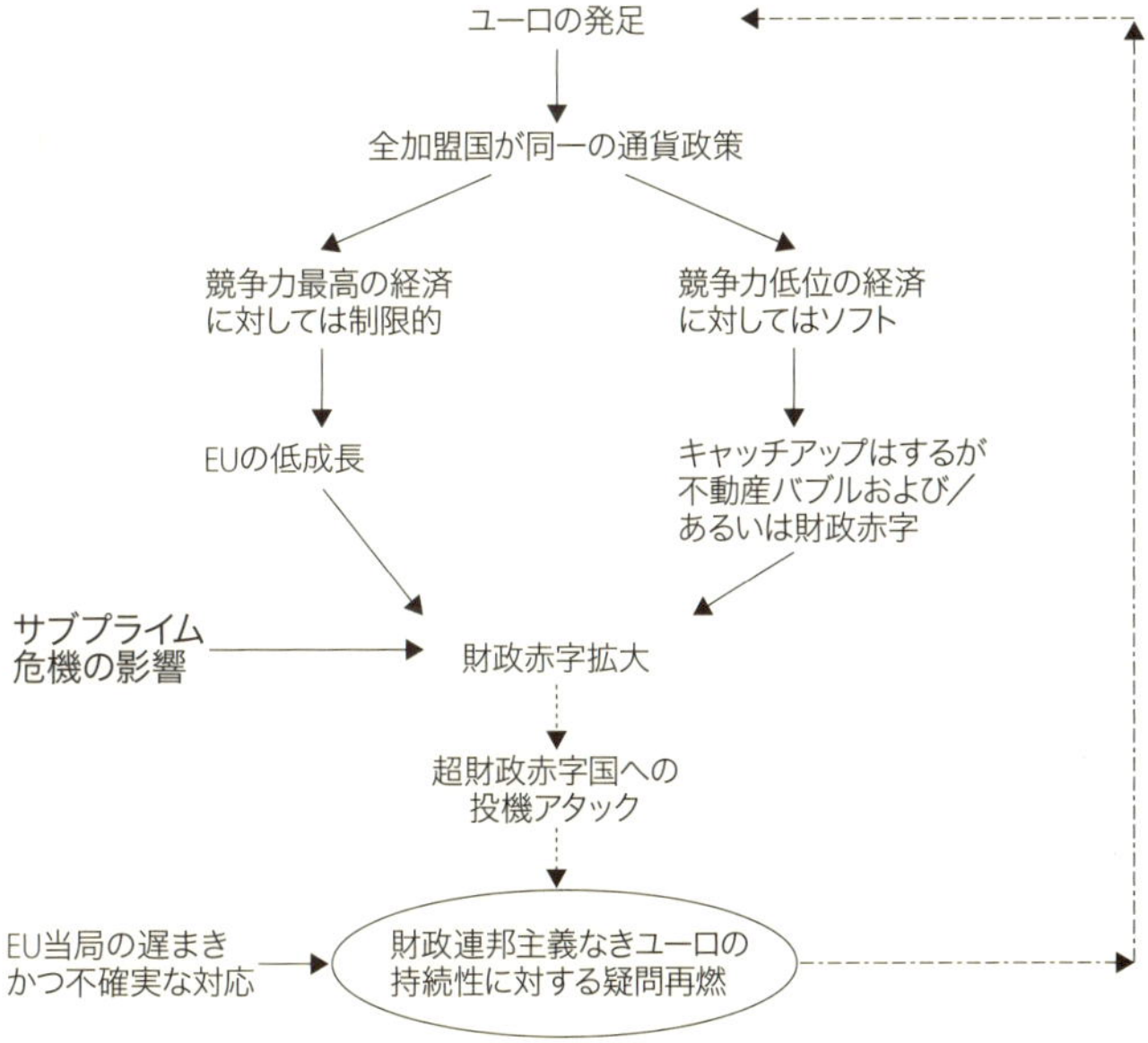

的となって、両者の間を振幅運動する（Shiller 1999）。この認識は模倣のロジックを示しており、それゆえに不安定性が生ずる。不確実性の程度が大きければ大きいほど、それだけ模倣のロジックも強くなる（Orléan 2004; 2011）。それゆえ、安定・成長協定を実効化しうる共同体ベースのプロセス――本性上それは政治的なものである――について決定し遂行することに失敗したのち、加盟国の財政を規律づける課題を金融市場に委ねてしまったのは、欧州統合の持続可能性にとってまったく有害なことであった（**図8**）。

　もう一つ皮肉なことがある。ユーロが構想されたのは、各国通貨の為替レートへの度重なる投機に対抗して、資本自由化のせいで単一欧州市場の建設が狂わされないようにするためであった。一〇年後、いまやグローバル金融は、一国の国債と他国のそれとの間で賭け事をしており、こうしてユーロの基盤そのものがぐらついてきた。こうしたグローバル金融の力をそのままにしておくと、少なくとも現在の構図においては、ユーロ地域は終焉を迎えるリスクが大きくなっている。共同体的アプローチ〔金融市場に依存するのでなく、EUという共同体固有の組織をベースとしたアプローチ〕を放棄した場合、払われるべき代償はこれである。金融安定性は実現されるべき次なる欧州公共財であったはずである。他方、リーマン・ブラザーズ破綻後のG20サミットで、世界のリーダーたちは資本主義の完全崩壊の可能性について熟慮したのだが、その暁においてさえ、世界レベルでは金融安定性は構築できていない。

5 ギリシャ危機からユーロ危機へ——各種要因と責任の複雑な織物

明白な危機に直面して、学界はようやく、後知恵的にではあれ、危機についてあれこれと解釈しはじめた。しかしながら一般に、そこでは単一の要因が拾い出されているにすぎない。通貨主権は国家によって守られるべきなのでユーロは絶対に失敗する（Krugman 2012）。ギリシャがアルゼンチンの過ちを繰り返して、自国政府が発行できない通貨建てで大量の負債を受け入れるの

図9　ユーロ圏危機の各種原因を解きほぐす

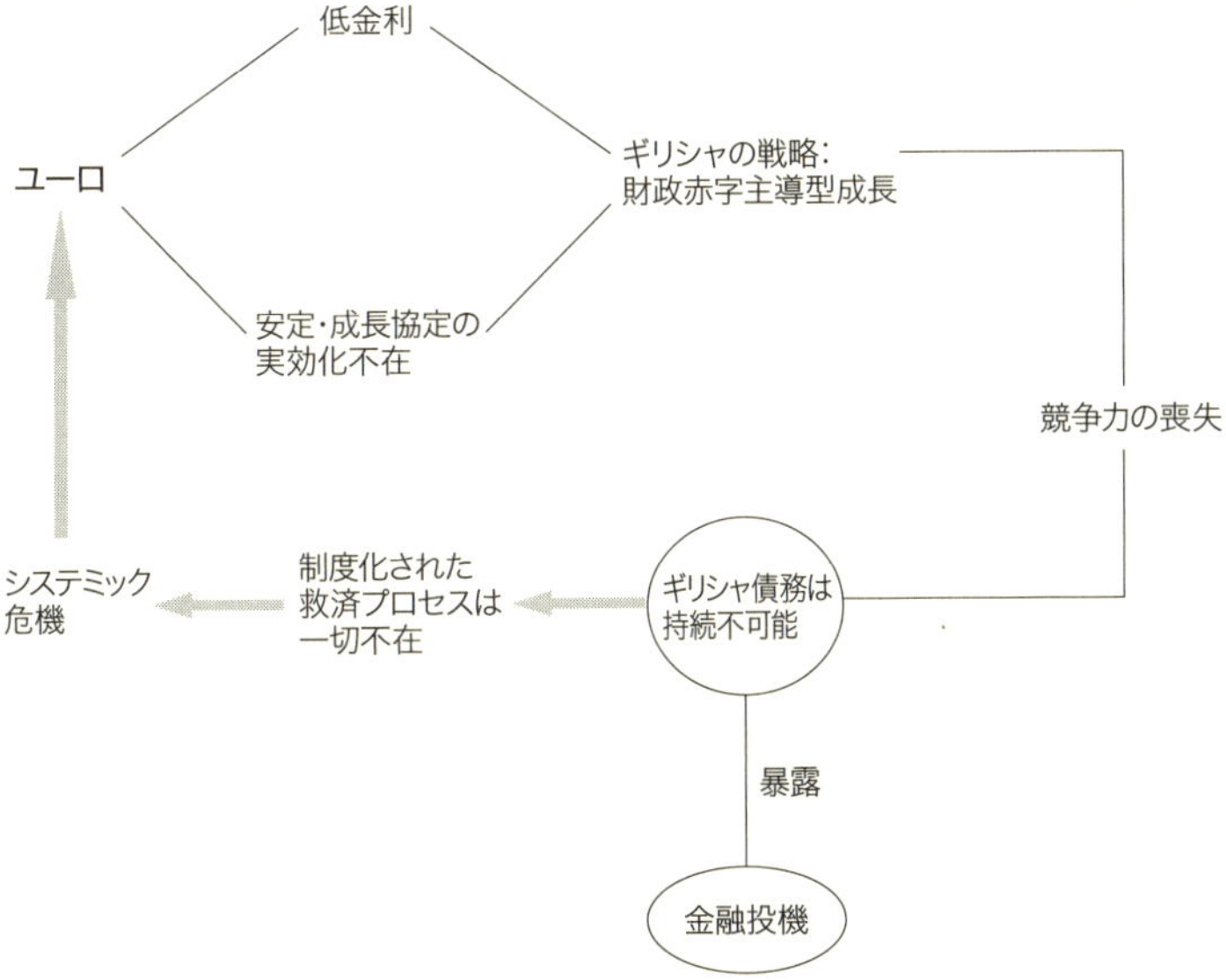

は危険なことだ（Bresser-Pereira 2012）。欧州条約に定められていたルールが侵犯されてユーロは緊張状態にあるが、条約が厳格に履行されるようになれば十分である（Sinn 2012）。他の経済学者は緊縮政策を非難して、これが景気回復と高成長への復帰を妨げていると言うが、緊縮政策は財政の持続性のための強力な要因だという点を無視している（Fitoussi 2011）。ユーロは成功しうるが、そのためには二つの敵——国民主権を守ろうとする政党とシティ——と闘わねばならない（Matouk 2012）。だが、いちばんよくある解釈の一つは、規制を受けない金融が本質的に不安定化の役割をすることへの非

難である（Orléan 2009）。本章のこれまでの展開もまた、こうした点を指摘してきた。だがこれまでは、ユーロ危機の知的・政治的起源を強調するものでもあった。

しかしながら、スケープゴート的説明は各種プロセスの断片しか捉えていない。エコノミストの専門的意見、加盟国間および対ブリュッセルの交渉、金融市場の時間と政治的熟議の時間とのミスマッチが結びついて、各種プロセスが成り立っているのである。歴史の次元もまた重要である。ユーロ危機は突然の単一の出来事ではなく、各種緊張――これはほとんど感知されないまま無視されてきた――が長期にわたって熟成した結果だからである（図9）。

危機に至るプロセスの出発点は、国内事情がどうあろうともＥＣＢの設立を通して短期金利を収斂させたこと、ならびに、ドイツとギリシャの国債に同じ利率を認めることにした金融業者の大間違いという、この両者以外の何ものでもない。この二つが結びついて、ある国には不動産投機バブルが（スペイン、アイルランド）、他の国には財政赤字主導のブームが（ギリシャ、ポルトガル、イタリア……）生じた。

どちらの構図にあっても競争力の継続的低下が見られ、それは民間および公共のアクターが自らの支出を、外国債権者からの負債の増大によって賄っていたことを意味する。ユーロ圏の政府は、自らの負債を借り換えるのに自国の中央銀行を利用する力はもはやないということを知らなかった。

危機はなぜギリシャで始まったのか。それは単純に、財政、貿易収支、世界的競争への門戸開放を見越した国内制度改革の管理能力の点で、ギリシャがユーロ圏のなかで最も弱い経済だったからである。旧工業経済国クラブははるかに発展の遅れた国の加盟を承認したのであり、EU内部の不均等発展の問題を生じさせた。ここにはある逆説がある。すなわち、二〇〇〇年代初頭、金融業界はギリシャ国家が財政面でもっと健全になるよう援助し、顧客へのギリシャ国債の販売を援助したのであったが、その同じ金融業界が評価を一変させたのである。二〇一〇年三月、金融業界は冷酷にもギリシャの劇的状態に恐れをなし、関連するCDS〔債権倒産保険〕の価格は急上昇した（前掲**グラフ6**参照）。

欧州理事会と欧州委員会は応急措置をしなければならなかった。この時、ユーロを守るために考えられた非救済条項〔リスボン条約第一二五条、加盟国間での債務肩代わりを禁止〕が不都合なものになった。ギリシャ問題は返済能力危機であって流動性危機ではまったくないと理解していたならば、理論的には、この段階で危機を阻止できたはずである。国債保有者が、債権の大幅カットを受け入れたうえで債務返済繰延べ《リスケジューリング》をしたり、また、痛みをともなう近代化計画を遂行するために補助金を提供したりする方が、はるかに現実的かつ合理的な解決策であったと思われる。

現実はこれとちがって、政府間交渉はまことに遅々として困難をきわめた。というのもそこでは、豊かで好調な国民国家と罪深く貧しい国民国家とが対立したのみならず、リスボン条約の厳格遵守という枠内でこうした危機の克服不可能性を是正するためにとるべき道筋について、まったく対照的なヴィジョンが対置されたからである。国際金融界はこうしたヨーロッパの不安を知っていた。不明瞭で遅すぎ小幅すぎる介入が、かれらの懸念に火をつけたのである。かれらの悲観的評価は自己実現的予言みたいなものである。四年来深刻な不況にある経済が、どうして負債借換えのために一八％の利子を払うことができるというのか。新たな緊縮政策は価値創出と雇用の矛盾を深めることになるが、それによって社会不安と政情不安が惹き起こされる。これは「自殺的協定」（Stiglitz 2012）だと言えよう。

ここで現代のマクロ経済理論の責任が問われる。その予言は繰り返し裏切られてきたが、あいかわらず同じ勧告が実施されつづけている。二〇〇八年九月以降、ケインズ型経済政策が一時的に賛美されたが、それは金融セクターを救済し大不況を予防するための表面的な正当化でしかなかった。二〇〇九年三月に始まった（おずおずとした）景気回復の直後、財政の失政こそ文字通り唯一の危機原因そのものなのだという妄念が復活してきた。堅固に身を固めた新しい古典派の理論と、道徳経済学のドイツ的変種（罪びとは自らの不品行の代償を払うべきである）との同盟が、ユーロをシステミック危機へと突入させることになった。というのも、二〇〇〇年代の好都合な要因は今やすべてユーロ存続に対してマイナスに作用しているからである。この点は本節の最初に紹介した各種の説明をそれぞれに正当化することになるが、しかし各種説明は非歴史的かつ部分的である。これでは、単一の施策のうえに立ったどんな提案も悪循環――それはいまやユーロが創り出した相互依存をも分解している――を克服できない、ということを理解できない。

6 ユーロ危機の新しい一歩――国家債務危機と銀行脆弱性の悪循環

市場原理主義者がイデオロギー的に勝利して、経済界や政治エリートたちのうちに、次のような核心的見方が広範に行きわたった。すなわち、市場経済は構造的に自己を均衡化するので、危機の唯一の原因は、市場経済を規制し不注意な財政戦略を行う公的介入にある、と。

欧州条約はこうした見方を埋め込んでいる。財政赤字の積み重ねのみがユーロの安定性に脅威を与える、というわけだ。ヨーロッパの政策立案者たちの関心が当初、なぜあれほどまでギリシャの財政赤字削減に集中し、不動産バブル破裂後のアイルランドやスペインにそれほど注意を向けなかったかの理由がここにある。アイルランドやスペインの財政赤字は結果なのだが、原因だと解釈され、したがって財政赤字の削減は至上命令だとされた。

こうした幻想はその後の推移によって消滅していった。すなわち二〇一二年春、スペイン政府に保証の約束がなされたが、明らかになったのはスペインの主要銀行数行が倒産の淵にあるということであり、その理由は国債を抱えていたというだけでなく、建設・不動産関連の不良債権が

図10　ユーロ危機の展開——全金融機関が次第に共鳴運動を起こす

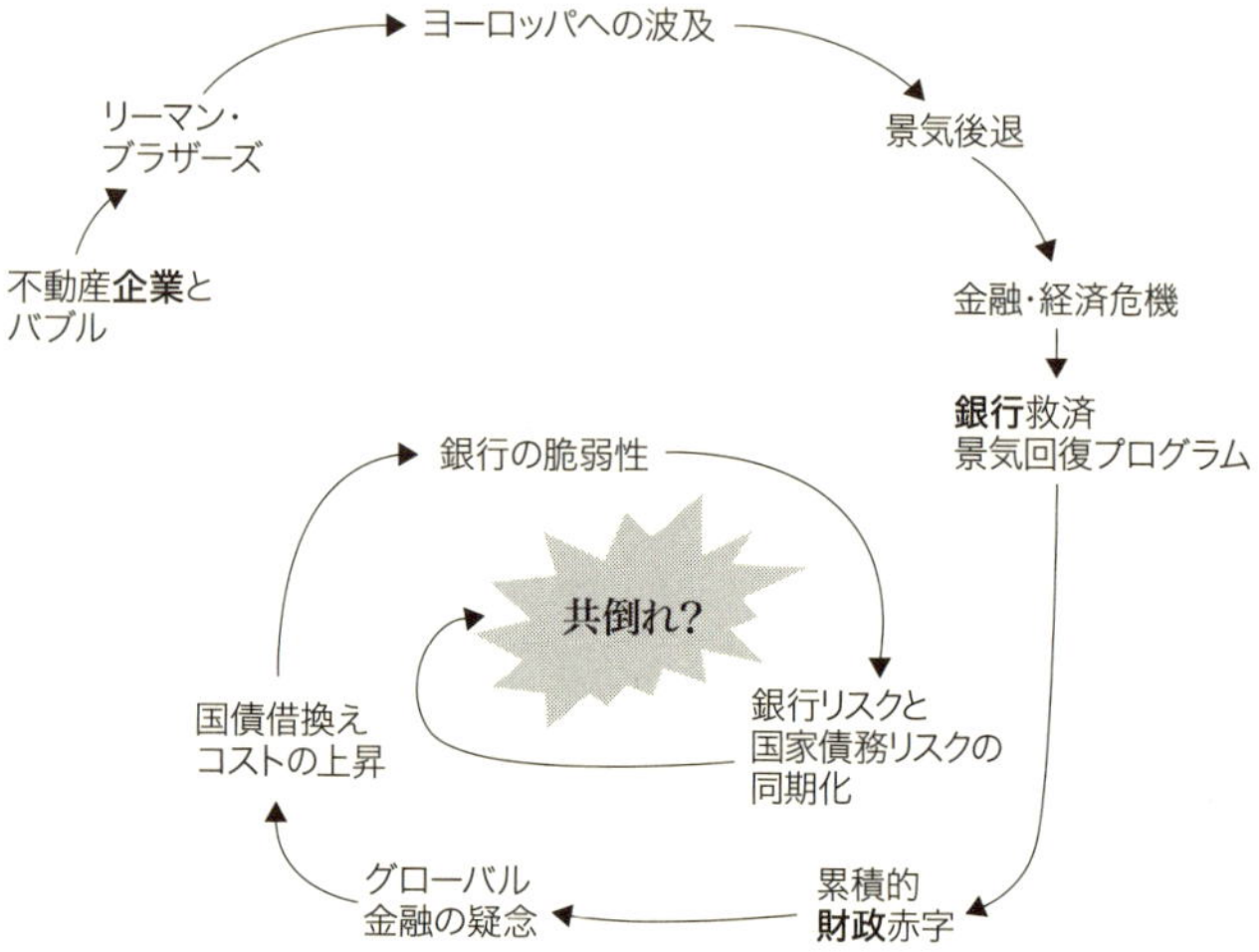

自己資本を上回っていたからである。民間金融危機と国家債務危機が、一方から他方への負のスピルオーバーを伝って、いまや同期化しはじめたのである（**図10**）。

システミックな崩壊が切迫しているのを前にして、二〇一二年六月二十八〜二十九日、欧州理事会は遂に、財政赤字に穴をあけることなく不健全行を直接救済する特殊なチャンネルをつくった。残念ながら景気後退のスパイラルはすでに始まっており、その告知と議会および／あるいは憲法裁判所による長く不確実な承認プロセスとのギャップのせいで、投機の余地が広がり、スペインの高価な借換えコストは低下しなかった。こうした悪循環を——一時的にであれ——止めたのは、ECB総裁の「ユーロに後戻りはありえず、

グラフ7　システミック危機の証拠——銀行／国家間信用のマイナスのスピルオーバー

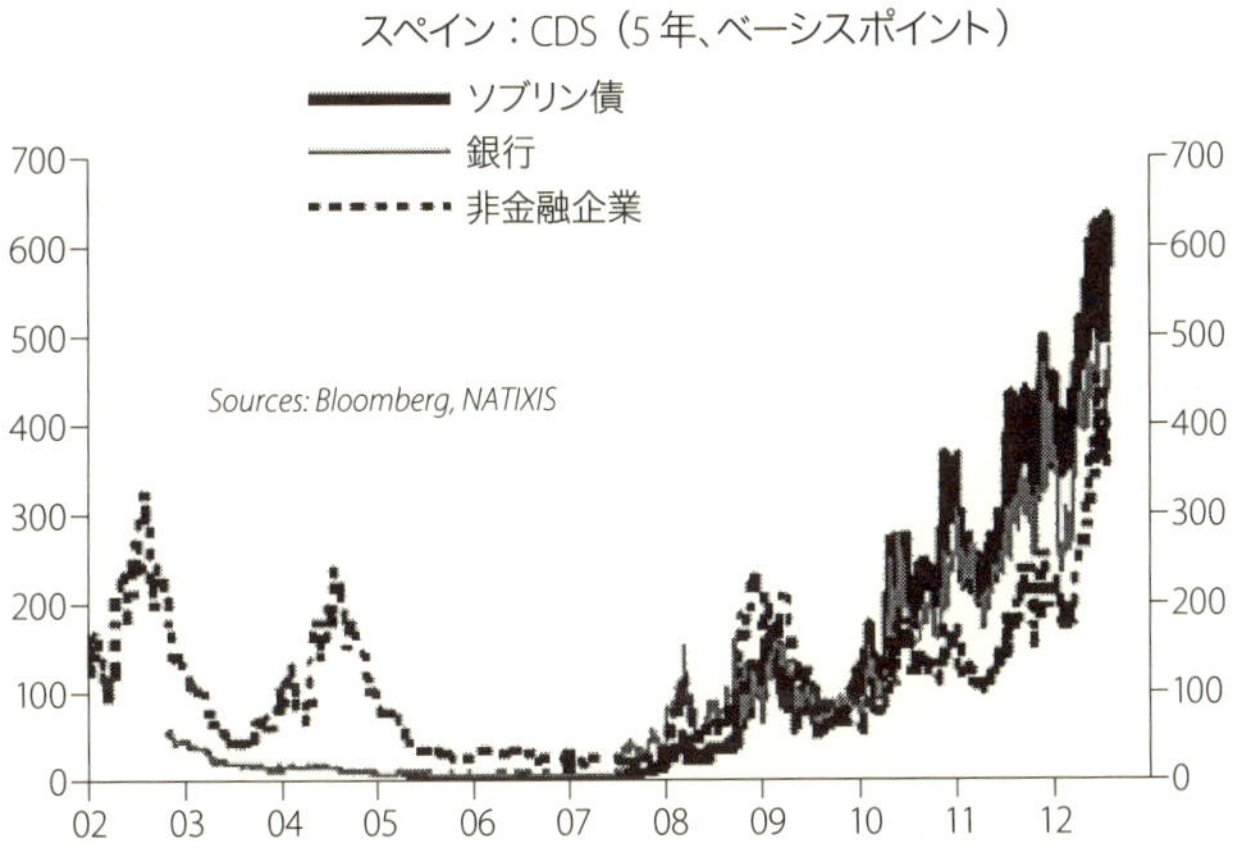

出典：Eco Hebdo（2012）

いかなる代償を払っても防衛する」（Draghi 2012）という声明であった。

こうしてユーロ危機は、その激しさと複雑さにおいて新しい段階に達した。二〇一二年夏を通して、スペインでは国家債務、民間銀行破綻、非金融企業倒産に関連するＣＤＳ〔債権倒産保険〕はますます同期化し、株式市場はこの国が崩壊する蓋然性が高まっている点に関して悲観論を振りまいている（**グラフ7**）。

こうしたあり方は前代未聞である。ユーロの発足時、金融業者は、リスクは主として企業にかかわり、銀行はあまり関係なく、国債はまったく関係ないと考えていた。二〇一一年以降、国債デフォルトのリスクは極端に高まり、銀行のデフォルトがこれにつづき、最後に非金融企業——それは建設セクターだけでない——が逆流する期待の波によって悪影響を受けた。大きな金融危機を振り返って分析してみると、それはたいてい、ますます多くの金融市場が次第に同期化し、共鳴しあうプロセスを経るところから発生していることが分かる（Boyer, Dehove, Plihon 2004）。この教訓はサブプライム危機に際して再度確認された。そこでは住宅ローン貸付、証券、株式市場バブルが共鳴現象を起こしたのであった。一つひとつ取り出せば、これら関連する市場のそれぞれは構造的に安定していたのだが、一方から他方への強力なスピルオーバーがひとたび始まると、もはや安定はありえなくなった。

二〇一二年八月、ユーロ圏はこれとよく似たプロセスを経験しており、スペインからイタリア等々への伝染効果によって、ユーロ圏の構造的不安定性の展開はその新段階に入ったようである。こうした脅威はいまや誰もが認識しているが、しかしこれへの対抗策は遅れがちであったり、欠如したりしている始末である。

7　金融自由化のプロセスそのものが危険にさらされている

ヨーロッパにとっても、また世界レベルでも、金融自由化の約束を再評価すべき時である。アメリカでは、金融自由化は当初、経済の活力を支えたのだが、いくらかの代償をともなっていた。つまり、インターネット危機とサブプライム危機があいつぎ、リーマン・ブラザーズ破綻後には急激な落ち込みが見られたが、こうしたことは信用主導型成長というアメリカ・モデルが構造的限界に突き当たったということを示唆している（Boyer 2011）。世界レベルでは資本の可動性が高く、これが為替レートを、貿易収支の長期的均衡や国民的競争力の維持に有害な方向へと押しやっている。主要な中央銀行が生み出した過剰流動性は、いくつか選りすぐられた金融資産の価格インフレへと向かい、生産能力をそこそこ回復し失業を克服するような投資には向かわない。失業はアメリカでは、循環的なものから構造的なものになった。一九八〇年代以来、多くのヨーロッパ経済を苦しめてきた病である。

国際金融界は健全なる財政の見張り役だとされていたのであるが、しかし現在の危機を予想することはできなかった。そして不幸なことに、EUは安定・成長協定――ヨーロッパの各機関はこれを実効化することができなかった――に代わって、監視の仕事を金融に委ねてしまった。その金融は見張り役であるどころか、新しい金融諸手段――例えば証券化やデリバティブ――を生み出すことによって、商業銀行、投資銀行、おまけに政府の軽率な戦略に油を注いでしまった。新しい金融諸手段は大量の新しいリスクを生み出し、これが積み重なって、遂にはアメリカの金融システムが破綻寸前にまでなってしまった。

要約すれば、ますます高い利潤の残忍な追求がとうとう金融業全体の支柱を侵食してしまった、ということである。国債はもはや、かつてそうであったようなトリプルAの安全資産ではない。

格付機関は、その評価が致命的に間違いだと判明したモデルに立脚していたがゆえに、信用を落とした。金融の国際的な相互連結効果によって各国の規制当局は武装解除されてしまい、国益や産業特化に大きな相違があるので、金融監視に関するグローバルなルールは何ひとつ合意に至っていない。いくつかの民間金融機関のバランスシートは超巨額にのぼる――大きすぎて潰せない《ツー・ビッグ・ツー・フェイル》――ので、いまや各国民国家の予算規模やありうる介入規模と釣り合わなくなってしまった。高度に複雑化した金融諸手段に関する適切な情報はプライベートな性質のものなので、破綻機関の有効・透明・公正な救済援助ができなくなっている。

二〇一二年は、金融と資本主義の関係史における分岐点となるかもしれない。金融というボア・コンストリクター〔獲物を絞め殺す大蛇〕は自分自身の尻尾を噛んでいるのではなかろうか（**図11**）。

生産の構造的な不活発、研究開発とイノベーションの長いタイムラグ、生まれつつある生産パラダイムや市民からの新しい社会的需要が必要とする公的インフラの遅れ――まさにこういった実体経済の必要を考慮すべく、政府は資本の可動性や金融業者の冷笑的な日和見主義に対して制限を課すべきでないのか。ユーロ圏の場合、衰退しているセクター・地域・国からもっと成功しているそれらに即時に金融移動がなされている。それが示しているのは、ユーロ圏の南北分断を要塞やニューフロンティアへと転換させるドミノ効果について、これを阻止するような当面の取組みの点で、ＥＣＢがかくも中心的な役割を果たしているということである（**グラフ8**）。

図11　金融化の自滅的プロセス——リーマン・ブラザーズからユーロ圏危機へ

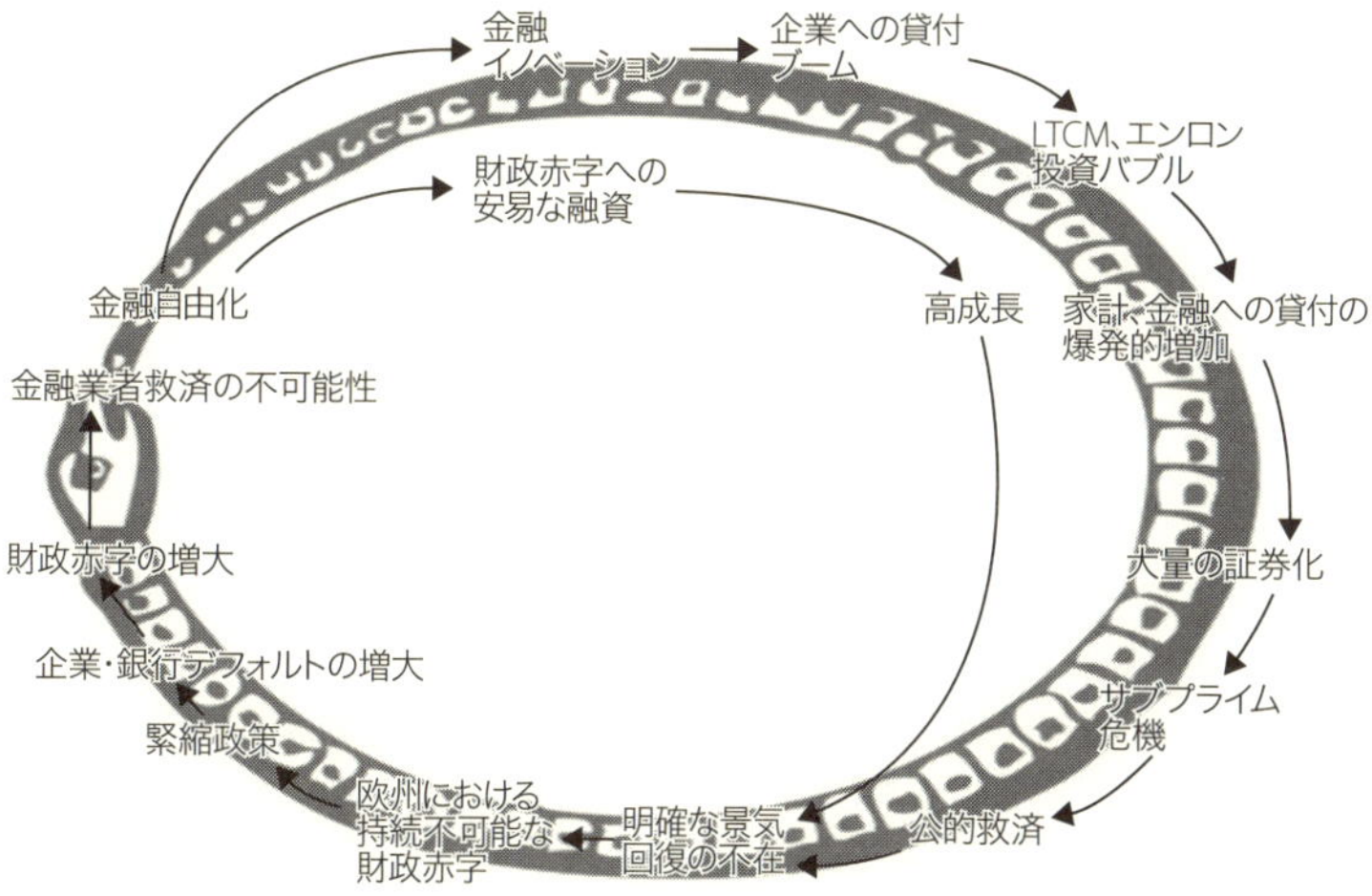

グラフ8　金融可動性はユーロ圏の存続にとってマイナス

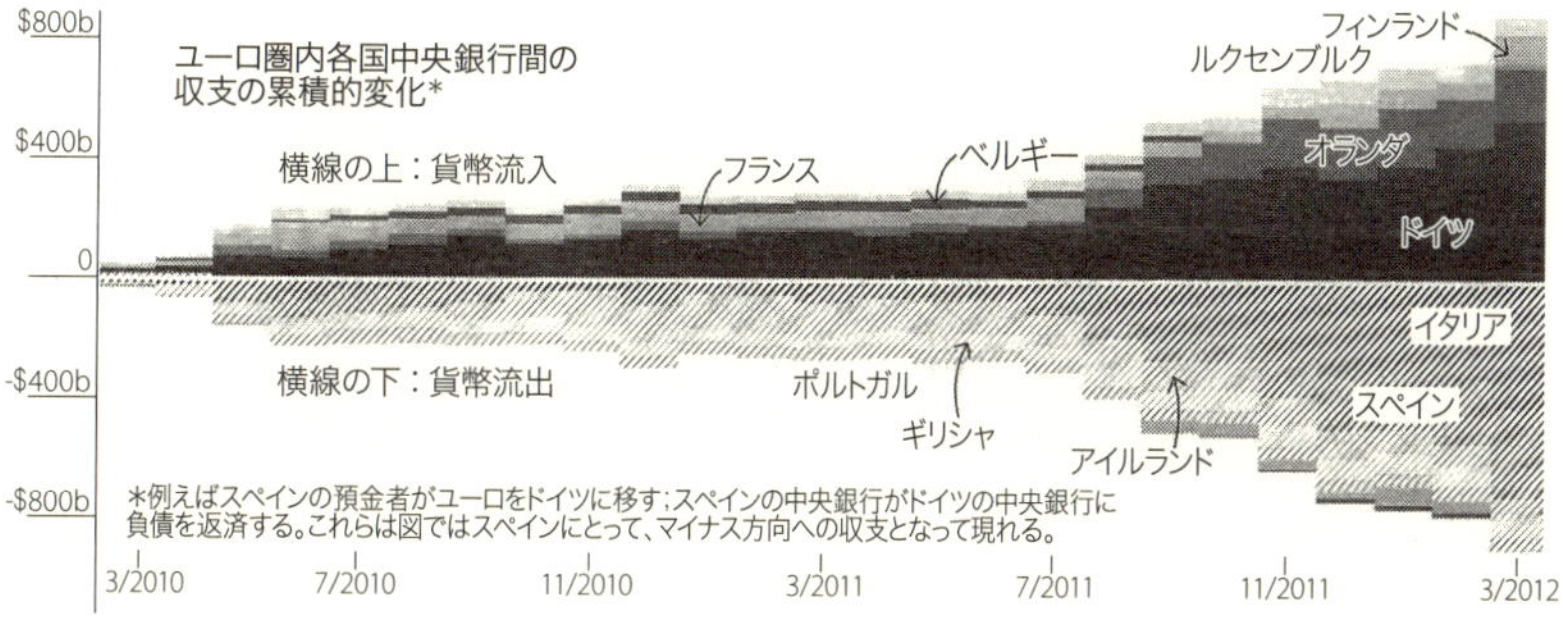

出典：Bloomberg Businessweek（2012）

第Ⅴ章

欧州理事会は何度も開かれたのに、なぜユーロの信認を回復できなかったのか

この問題はすでに以前の分析で触れた〔第Ⅲ章参照〕。そこではギリシャ危機とこれに次ぐユーロ危機からの安易な脱出を長年さまたげてきた各種要因を指摘しておいた。いちばん理論的なレベルでいえば、これはシステミック危機の特徴そのものなのである。つまり、アクターたちが過去の諸戦略をそのまま採りつづけると、諸戦略はもはや相互に両立せず、社会的経済的不均衡が縮小するどころか拡大し、過去の制度秩序が腐食したり裏目に出たりする。にもかかわらず、どの集合的アクターも単独では、新しい一連の整合性ある制度諸形態を合理的に構想し実施する力がない。制度諸形態間の現在のミスマッチが次第に明らかとなるが、多くのプロジェクトが競争しあっており、それらは一連の整合性ある——さらに補完性にもすぐれた——諸制度の輪郭を描くという困難な課題をかかえている。こうした点は、過去の大危機にかかわってレギュラシオン理論（Boyer, Saillard 1995）が繰り返し発見してきたものだが、それはユーロ圏についても妥当する。

1 矛盾する諸見解の逆説的な強化

サブプライム危機は新しい古典派のマクロ経済学と数理ファイナンスを清算する画期になるだろう、と思われたかもしれない。同じくユーロ危機は、リスボン条約のもとではありえないと考えられていた。それは明確な現代化を要求したはずであり、聡明で大胆なアクターだったなら、「われわれは間違っていた、われわれのヴィジョン・分析・戦略を再考しよう」と述べた者もいたはずである。

ところがそれと正反対に、ユーロ賛成派も反対派も「われわれは正しかった」と宣言する始末なのだ。

- 一方ではこう聞かされる。「ユーロ圏へのギリシャの加盟は認めるべきでなかった。この間違いを正しさえすれば十分で、こうしてユーロは復活するだろう」。
- 「安定・成長協定を黄金律にまで強化し、強力かつ自動的な制裁を実効化せよ。そうすればリスボン条約はまた充足されよう」。
- 別のグループはまったく回答になっていない。大切なのは高い成長を促すような経済政策を明確にコーディネートすることであり、これこそ国家債務危機の克服のため利用できる唯一の解決策だ、と。
- 「これは国民主権と民主主義にとってきわめて危険だ。立ち戻って、通貨を完全にコントロールし、国民国家レベルの公共支出政策ができるようにしよう」。
- 「いや、グローバリゼーションの時代、ヨーロッパが財政的・政治的な連邦主義に進んでいってこそ、持続的な解決策となるのだ」。

同じ事柄についてこうした矛盾しあう各種表象が飛び交っているは印象的なことだが、まさにそのことが、二〇一〇年以来ヨーロッパで見られたその場しのぎの一因となった。政府間交渉が優越しており、それは依然として政治的なプロセスであることを示している。各国家元首は、ヨーロッパの望ましい経済的、社会的、政治的な組織についての自国の考え方を持ち寄る。逆に欧州委員会はずっと沈黙してきたが、それというのも、その主要な役割は——国益を超えた共通財たる——欧州統合の防衛と促進にあるからだ。振り返ってみて、第二次世界大戦後のヨーロッパの再生は、過去の暴力的な民族主義的対立を完全に断ち切って、ある共通のヴィジョンを共有した結果であった。欧州統合における最大の危機に当たって、これに類する転換はまだなされていない。

2　間違いの固執——緊縮政策の継続と強化

うわべの表象が支配してしまい、それが国家債務危機克服のために決められる細かい施策の構想にも影響する。撹乱の唯一の原因は公的、非合理的、イデオロギー的な介入にあるのであって、そうであるからには財政赤字を取り除こう。そうすれば経済はふたたび「自然的」な完全雇用均衡に収束するであろう、と。

これが一般公共予算カット、福祉削減、賃金低下に対する大筋の――おそらく唯一の――正当化である。それというのも、クラウディングアウト効果、リカードの等価定理〔第Ⅱ章冒頭参照〕、競争力改善、有効需要メカニズムなど、関連する各種メカニズムのもっと詳細な分析が示しているように、緊縮政策が予期されたプラスの結果をもたらすためには、一連の精密な諸条件が満たされねばならないからである（Boyer 2012）。アイルランドは良好な構図に属するのかもしれない。だが確かにギリシャ、ポルトガル、スペイン、イタリアはそこに属さない。これら諸国の経済政策が緊縮へと舵をきられて以降、国債／GDP比率は持続的に悪化している。というのも、ケインズ的な逆効果が古典派的な競争力効果を上回ってしまったからである。

予想と実績のこうした離反から、現実主義的《プラグマティック》な財務大臣なら、この政策は再検討されるべきであり、おそらくこれをやめて別のものに置き換えられるべきだと考えるだろう。自分のマクロ経済学者や計量経済学者に、もっと出来のよい信頼できる次世代モデルを作るよう要請するだろう。同じようにして、一九八〇年代以来、いっそうの労働市場フレキシビリティが冷酷にも追求され、二〇〇八年以後それが再活性化されたが、成功したためしはめったにない。ドイツは例外かもしれないが、しかもそのドイツでも、活況を呈する世界経済という文脈のなかでそれが現れ出るまでに一〇年かかった。

まことに奇妙なことに、専門家や政治家は自らの過去の表象や政策に固執しつづけている（Artus 2012c; Stiglitz 2012）。これはユーロ救済の成功にとって悪い予兆である。

3　誤診の連続、危機の深刻さの恒常的な過小評価

ギリシャ危機は最初、たんに財政的現実の偽装と公的管理の失敗の問題にすぎなかった。不運にも国際金融界の期待が逆転して、危機はギリシャからアイルランドやポルトガルに広がった。このとき、ヨーロッパの専門家のなかには、この非合理な伝染は金融の規制改革、空売りの禁止、間違いを犯した格付機関に対する公的コントロール、そしてユーロ圏での課税の可能性によって、阻止できるはずだと考えた者もいる。これが大陸規模の危機の始まりだと予想した者はほとんどいない。

その後、二〇一〇年末から二〇一二年夏にかけて、ヨーロッパの政策立案者たちは次第に、しかしゆっくりかつ不本意ながら、欧州条約はこんな出来事を予想しておらず、ユーロの将来的な信認喪失を阻止する道具を与えられていないことに気がついた。おまけにかれらは、おそらく前向きな期待を形成するために、ユーロ圏の結束を脅かしている当面の不均衡がもつ深刻さを一貫して小さく見積もった。

第一に、ブリュッセルのＥＵ本部は、病んだ経済はたんに流動性不足に直面しているだけであって、返済不能の危機にはまったくないと考えつづけた。ギリシャの場合、これは最初から大間違いであった。第二に、純粋に金融的戦略に重点がおかれ、実物経済の不均衡は完全に無視された。実物経済の不均衡とは、ギリシャやポルトガルにおける競争力の構造的ギャップであり、またスペインやアイルランドにおける産業間不均衡である。後者の諸国は、建設セクターの巨大かつ持続的な過剰能力に苦しんでいる。第三に、安定均衡から一時的にずれた点が問題だと考えられ、そこへの復帰は簡単なことだとされた。つまり、財政から銀行へ、銀行から経済活動へ、等々、と展開する各種逆流プロセスが一点に集中しつつあることから問題が生じているのだとは、まったく考えられていないのである。第四に、当局は長らく自分たちは一連の局地的で一見ばらばらな危機と闘っているのだと考えていたが、そうした危機はユーロ圏の諸制度およびガバナンス能力のシステミックな危機の一部だったのである。最後に、金融市場のせっかちさが政治の舞台にも浸透し、政策立案者たちは構造的危機を克服するに必要な時間幅をつねに過小評価してきた。数か月、数年でなく、おそらく一〇年、数十年の時間が必要なのである。それは生産特化の再調整、ヨーロッパ内部における経済活動の再配置、長期失業を有効に克服するための人的能力の形成に必要な時間幅なのであり、加えて、こうした改革を周知させ正統化するために、国内ならびに各種欧州機関における民主主義的熟議を組織するために必要な時間も忘れるべきでない。

結果として、ヨーロッパ・レベルでの意思決定は遅く、部分的であり、視野が限られていた。おまけに危機展開の次の段階を予想できなかった。二〇一二年六月二十八〜二十九日〔EU首脳会議で実体経済への資金投入や経営不振銀行に対する資本注入を決定〕は先を見ようとしたのだが、実行に際してまた別の難問に直面した。それは最終的にいつ適用され、金融業界は十分に忍耐強いだろうか、と。

4　欧州当局の緩慢な議論、金融業界の迅速かつ敢然たる動き

二〇一二年夏には、ヨーロッパ諸銀行の金融的監視、EFSF〔欧州金融安定基金〕、国債だけでなく銀行をも支えるための将来のESM〔欧州安定メカニズム〕が決定された。これらすべての新措置は加盟一七カ国の承認を得なければならないし、各国ごと独自な制度上の経路を踏んでいかねばならない。それには時間がかかる。というのも国民議会や憲法裁判所が熟議しなければならず、自己固有のアジェンダやスケジュールをもっているからである。その間、批准プロセスが狂っていくだろうと想像する者がいるかもしれないし、……加えて国際金融市場はそうした可能性を直ちに、CDS評価、国債再融資の金利、そして株式市場の動向のなかに織り込むことだろう。

政策立案者は今日、交渉上、大変に不利な立場にある。すなわち、最初に金融業界が——常時

開設されている世界市場にアクセスできるので――事を起こし、これに政府が反応せねばならない。だが政府はあらゆる制約を考慮せねばならず、この制約によって法律、規制、課税、公共支出、福祉の面での反作用が制約されることになる。

政治、経済、金融の時間幅の差から生ずるこうした不均等があるので、唯一対応できる公的アクターは中央銀行家である。中央銀行家は窮境にある銀行に流動性へのアクセスを提供することができ、満期の異なる国債の流通市場に介入することができる。にもかかわらず、こうした介入には時間がかかる。というのも、流動性問題しか対象となっておらず、財政の持続可能性にかかわる問題は直接にはまったく対象となっていないからである。

もちろん、市場価格決定をめぐって政治的熟議をすることの不利益は、超国家的制度のレベルではなおいっそうひどくなる。というのは、利害や考え方の対立があっても、それらは共通の意思決定へと差し向けられねばならないからである。これには時間がかかり、弱い反応やあいまいな妥協がなされるかもしれず、その解釈は各国政府ごとまったく異なったりする。欧州戦略の解釈におけるこうした不確実性を前にして、金融業界が陣頭に立ち、しばしば、救済プランは信用できるか否かを決定することになる。ヨーロッパ創設の父祖たちには、分断され高度に規制されたかつての国民的金融システムの時代にあって、こんな制約はなかった。

明らかなことだが、当初、金融から公的コントロールを取り除けば、以前の限定された国民的金融システムの内部にいるよりも好都合な条件での国債流通にプラスとなる、と説明された。だが次第に、金融資産は世界中の代理機関《エージェント》に販売されるようになり、これら機関は自らのポートフォリオの収益や安全性のみを気にかけ、もはや市民たち――その運命は債券や証券の発行者と同じ地域に結びつけられている――を気にかけはしない。これは国家債務危機が復活してきた理由の一つである。政府はもはや、愛国的理由から市民に国債購入を呼びかけることができない。市民の貯蓄はいまや巨大な機関投資家によって管理されているのであり、機関投資家は、広範な国民諸経済にまたがってあらゆる資産種類にわたる自らのポートフォリオをもち、そこからの収益を不断に最適化しているのである。

こうして政府は金融の霊を解き放った。政府が考えていたのは、金融は自分たちの忠実な召使になるだろうということだったが、やがて政府は金融をアラジンの魔法のランプに戻すことができなくなった。動きのにぶい公的機関ときわめて動的で財力ある民間アクターとの間で力の均衡がシフトしてしまったが、ユーロ危機の管理における苦悩は、幾分かはそこに由来するのであろう。

5　適切・有効・公正な欧州条約について交渉しなおすに際して、ロールズの無知のヴェールはもはや利用できない――勝者も敗者も知られている!

こう想定してみよう。ユーロ地域の再構想／再構築に関するヨーロッパの議論にかかわった人はみな、ひとたび合意がなされたら、かれらは当初は同等の規模と力をもつ加盟国のどれか一つに確率的に配属されることになる、と（Rawls 1971）。間違いなくかれらは、EU領土内の財政連帯原理についてむしろ容易に合意し、例えば欧州レベルの失業給付を創設することになるだろうし、また、こうした共同体の諸成員間の生活水準を均等化するために、制度化された財政的取決めを制定することになるだろう。ヨーロッパのアイデンティティという感覚を埋め込んでいくためには、基本的にこれが適切な参照基準となろう〔ロールズのいう「無知のヴェール」とは、一般的な状況は知っているが、自分自身の個人的情報（出身・家族・地位・財産・国籍など）については知らされていない状態。このもとで合意した原則に基づくことによって、社会全体の利益となる正義の原則が満たされるという〕。

現在の状況はこれとはまったく異なる。たしかに共通通貨、シェンゲン協定〔EU内の国境検査撤廃協定〕の地域に属する人びとの欧州内移動、エラスムス計画〔EU内での大学間・学生間交流等の促進計画〕など特別の学術プログラムはできた。しかしそれにもかかわらず、欧州議会選挙で会派構成があまり変化しないことや、ブリュッセル〔EU本部〕、ストラスブール〔欧州評議会／欧州議会〕、フランクフルト〔欧州中央銀行〕で各国民によるデモがめったにないことなどは、欧州市民権の構築がまだ、ユーロ危機解決に大きな影響を及ぼすに十分な力をもって前進していないことを示唆している。上からの――トップダウン式の――現在の連邦主義は、欧州の政治的アゴラの草の根的構築の代わりとはならない。

さて、政治哲学の領域を去って現実世界に戻れば、行為者たちが交渉するのは、とりわけ自分たちの利益になる場合に公正と考えるルールについてである。そこから価値観や原則へのこだわりも生まれ、欧州の各種交渉において結果重視のアプローチ――それに従えば得するか？――が絡んでくる。南は国民レベルから欧州レベルへの連帯の拡大を擁護する。これに対して北にとっては、それはいやがる国内世論に逆らって政府が押しつけねばならない大規模かつ恒常的な財政移転を意味する。北の成員はといえば、北欧諸国では福祉・公共サービス改革の多大なコストに耐えてきたのであり、ドイツの場合は再統一のコストに耐えてきたのである。

これは欧州統合の深化のなかで長くつづく障害である。ユーロが生み出した実体経済のトレンド分岐は、妥協をいっそう困難なものにしている。そして、ギリシャやドイツの大衆紙を読めば明らかなように、国民的アイデンティティについての旧来の「決まり文句《クリシェ》」が再登場しているという文脈にあっては、新しい連帯観念は生まれてこない。

さらにまた、現在の多くの連邦制度にあっては、富裕な国／州は自分たちが生み出した所得のいっそう大きな部分を確保し、したがって制度化された再分配取決め額の規模を減らそうとする要求が高まっているのが見られる。最近のドイツのケースがそれである。北部ヨーロッパ社会はなぜ、あんなに遠くの人びとと所得や富を分かち合わねばならないのか、と。そのときの口実は、過去においてかれらは自分たちと貿易をし、自分たちの間違いにより繁栄してきたのだ、というものである。ますます狭い統合を正当化する古い機能主義の議論は、もはや世論を説得できなくなっている。

マイナスサム・ゲームにあっては脱退は合理的オプションであり、こうしたオプションを利用し悪用すべく、民族主義的な政治運動が登場している。

6 ジレンマの過小評価

――現在の危機が悪化しているのに、次の危機の防止策をアナウンスしている――

金融業界はまことに要求がましい。かれらは、安全と収益率のよりよきトレードオフが得られるよう、安定した公的環境を求める。欧州の政策立案者のいくぶん短期的視野に基づく介入は、まさにその反対の環境をもたらす。そこから、毎回の欧州理事会の会合後に短い息抜き期が繰り返し現れ、そのご何日かすると――各種施策によってもユーロ圏が危機から脱け出さないので――マイナス評価に戻ってしまう。

図12　整合性の高いユーロ圏への道程を告知すると危機脱出を妨げるかもしれない

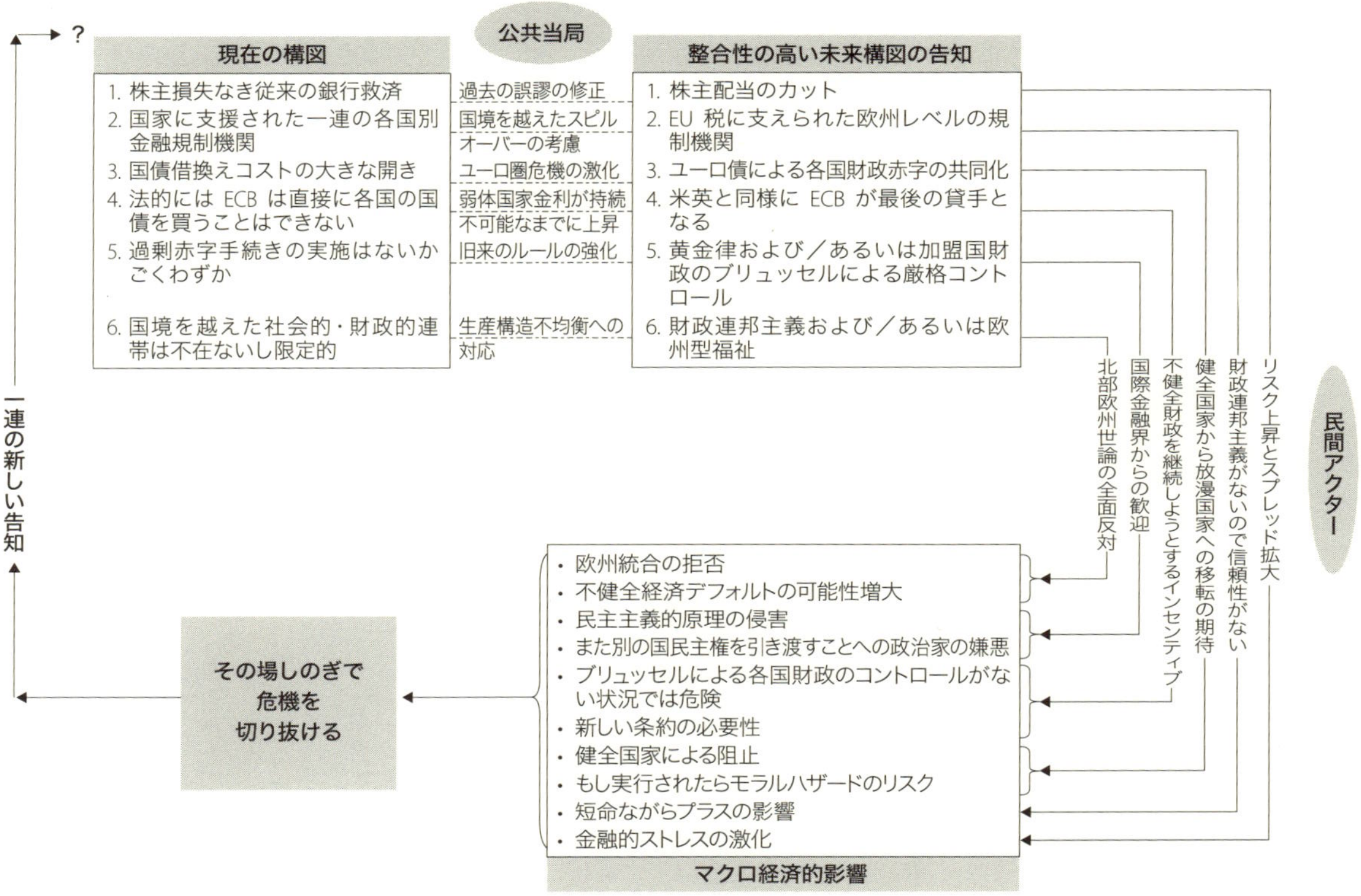
公共当局
現在の構図
1. 株主損失なき従来の銀行救済
2. 国家に支援された一連の各国別金融規制機関
3. 国債借換えコストの大きな開き
4. 法的には ECB は直接に各国の国債を買うことはできない
5. 過剰赤字手続きの実施はないかごくわずか
6. 国境を越えた社会的・財政的連帯は不在ないし限定的
過去の誤謬の修正
国境を越えたスピルオーバーの考慮
ユーロ圏危機の激化
弱体国家金利が持続不可能なまでに上昇
旧来のルールの強化
生産構造不均衡への対応
整合性の高い未来構図の告知
1. 株主配当のカット
2. EU 税に支えられた欧州レベルの規制機関
3. ユーロ債による各国財政赤字の共同化
4. 米英と同様に ECB が最後の貸手となる
5. 黄金律および／あるいは加盟国財政のブリュッセルによる厳格コントロール
6. 財政連邦主義および／あるいは欧州型福祉
民間アクター
リスク上昇とスプレッド拡大
財政連邦主義がないので信頼性がない
健全国家から放漫国家への移転の期待
不健全財政を継続しようとするインセンティブ
国際金融界からの歓迎
北部欧州世論の全面反対
・欧州統合の拒否
・不健全経済デフォルトの可能性増大
・民主主義的原理の侵害
・また別の国民主権を引き渡すことへの政治家の嫌悪
・ブリュッセルによる各国財政のコントロールがない状況では危険
・新しい条約の必要性
・健全国家による阻止
・もし実行されたらモラルハザードのリスク
・短命ながらプラスの影響
・金融的ストレスの激化
マクロ経済的影響
その場しのぎで危機を切り抜ける
一連の新しい告知
?

しかし、金融業界や国民世論のこうした度重なる失望には、もっと深いわけがある。時の経過とともに公共当局が理解したのは、現在の欧州条約およびその金融組織の構造的弱点を修正しなければならないということであった。しかし、良好な中長期的期待を統御する過程のなかで、一つひとつの意思決定によって、現在の苦悩の危機からの脱出がさらに難しくなってしまうかもしれない（図12）。

例えば、振り返ってみて、金融セクターを無条件で支えたのは大きな間違いであった。各種機関の安定保有者は自らの資本に手をつけなかった。CEO〔最高経営責任者〕やトップ・マネジメントは自らのボーナス、ストック・オプション、ゴールデン・パラシュート〔被買収企業経営陣への巨額の退職金〕などの金を手にした。他方で、柔軟な支払・信用システムには公共財的性質があるという名目で、納税者にはセクター総体の救済が求められた。こうした意思決定は、完全なる経済崩壊の恐れに対応してなされたのだが、第一に多大なる世論の怒りを呼び起こし、第二に次なる危機の種を用意した。つまり、大きすぎ絡みあいすぎて潰せないというのなら、次の危機が襲来しても確実に救済援助されるのだから、どうして銀行業者はかれらのやり方を見直し、ますます大きなリスクへの欲望を減らすというのか。

政策立案者たちは、これ以降の金融契約は――国家が銀行を救済援助することがあったとしてもその前に――株主に損失を負わせるような条項を入れなければならない、と決心した。ギリシャ国債をめぐる交渉の再開は、この原則を明らかにし、そんなに信頼できない債務者に貸し出すというリスクをとった投資家に大幅な債務削減《ヘアカット》をするよう交渉するための、絶好の機会であった。この時以降、あらゆる国債の金利差《スプレッド》はますます急速に拡大した。支払がなされない場合の潜在的損失が構造的に高くなるからである。こうして持続不可能なほどのスプレッドが、ギリシャから他の不健全経済諸国に広がり、いまやスペインやイタリアといった大規模な経済諸国を巻き込むまでになっている。そのせいで危機にその場しのぎで対処していくのがますます苦しくなった。こうした異常な財政事情に対応するため、新規公共支出のカット、公務員報酬および福祉のカットが通告されねばならなかった。その結果、二〇一二年夏を通して大半のユーロ圏加盟国は次第に新しい景気後退に突入した。課税ベースが収縮する一方、失業は前代未聞の水準に達した。また別の景気後退と悪循環が始まった。それは少なくとも部分的には、危機に至ったメカニズムの一部を取り除こうという、そして今後の改革された構図のもとでは根絶されると確信させようという、そういったあっぱれな意図から生じたのである。

同じような意図せざる結果は、ユーロ債発行による負債の共同化、ECBによる国債買上げ、財政規律の強化、金融規制のEUレベルへの移譲など、他の多くの声明や施策から引き起こされた（前掲の**図12**参照）。これらの提案は、ひょっとして整合性ある未来の欧州システムを構想するものでもあろう。だがこれらは、現在の下向きの調整を逆転させる力量について、大いなる疑念を引き起こした。逆説的なことに、これらは下方調整をさらに強めてしまったのである。

7　アクターたちの複雑な絡みあいにおける目標の非和解性
——たび重なるマクロ経済的悪循環の原因——

これまで見てきたユーロ圏の意思決定プロセスにおける弱点はすべて、結局はある共通の根深い原因によっている。すなわち、次々と締結された欧州条約は、明確な経済政府の代わりに、部分的な目標および利害をもった多数の機関やアクターを包み込んだガバナンスを組織してきた。これらの目標や利害は、信用主導で財政赤字主導のブーム期には大まかに両立しているように見えたが、ひとたびユーロ設計の現実性《リアリズム》をめぐる疑念が国際金融界から挑戦的に出されると自滅してしまった（**図13**）。

二〇一〇年三月以来みられる推移のなかで変わらないものについて、指摘しておかねばならない。国際金融界はヨーロッパのガバナンス・ゲームにおけるシュタッケルベルク的意味〔売り手独占において価格の先導者が追随者よりも有利なケース〕での先導者だということである。というのは、国際金融界の期待が各国の国債借換えのために払われるべきスプレッドの幅を決めるからである。欧州理事会は何度となく、低利での借換えによって一時的救済をはかるため、公的資金を次々創出しようと議論する。というのも欧州理事会は、民間金融の過度の悲観論はスペインやイタリア

図13　ユーロ圏内でのその場しのぎ――アクターたちの絡みあいにおける目標と利害の対立の帰結

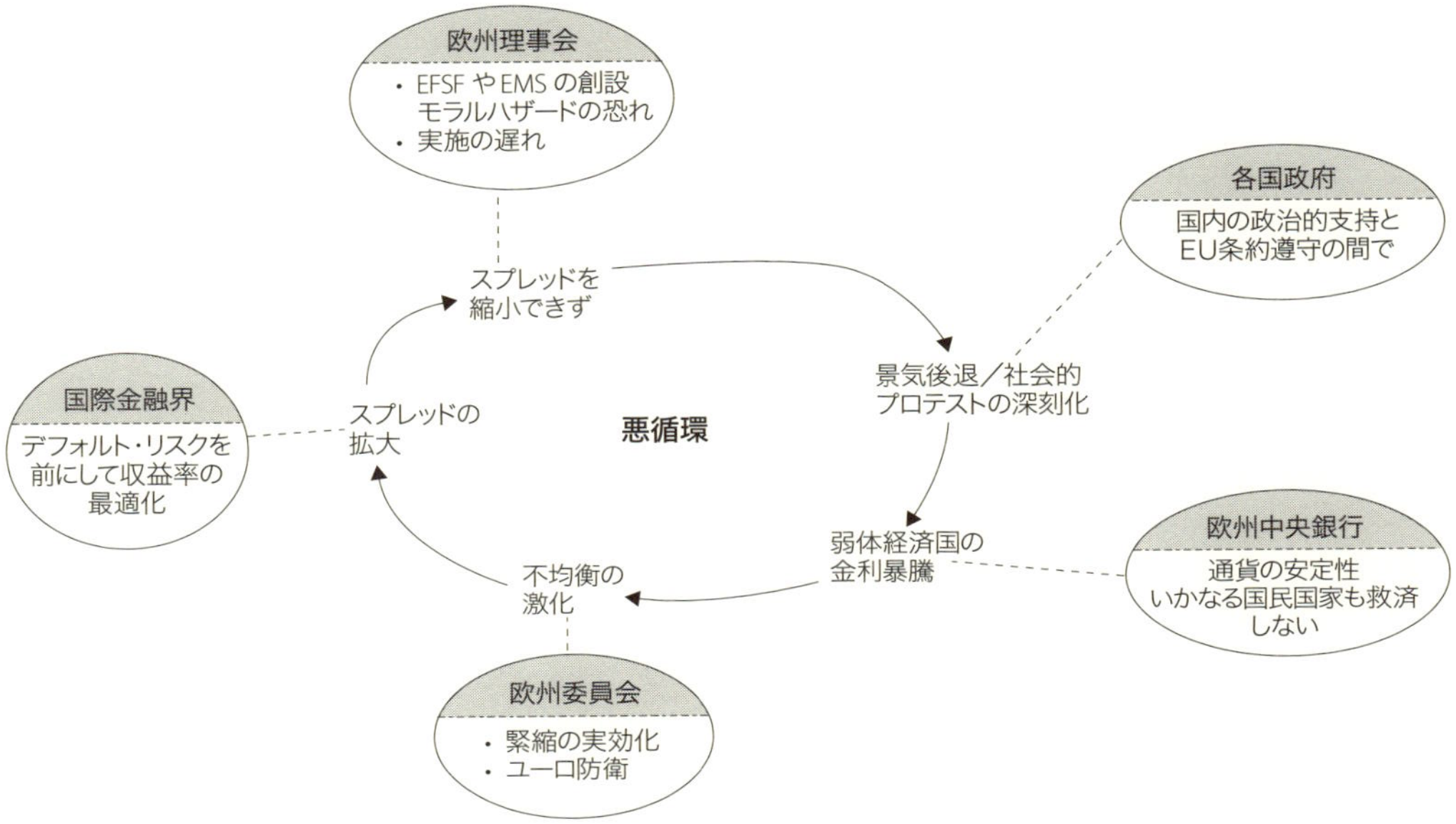

のような経済がデフォルトに向かって進むことを意味する、と理解しているからである。だがドイツや北欧の政府は、いかなるモラルハザード的やり方も絶対に阻止したいと思っていて、これら諸経済の調整プログラムの有効性についてチェックするよう要求する。これは新しい緊縮措置であって、そうした措置の極めつきはすでに初期段階の救済プロセスで決められている。

そう言えるのは、意思決定の通告後においてさえ、実行プロセスが不確かなままだという事実による。一方、国民議会はEFSF〔欧州金融安定基金〕や将来のESM〔欧州安定メカニズム〕への参加を承認せねばならないが、他方、こうした基金から利益を受けると予想する政府はますます困難にぶつかる。そうした緊縮政策によっては、下向きのマクロ経済的展開が逆転されないからであり、多くの社会グループ（公務員、失業者、福祉移転支出の受給者……）が政策の不公正と非効率について声を荒げて反対するからである。南の加盟国では政府はある種の統合失調症を患う。つまり、政府はヨーロッパの援助を絶対的に必要としているが、課された条件が正当であると世論を説得できないのである。

国際金融界はこうした曖昧さを好まず、政府をこきおろし、新しい悲観論の波が始まる。第四のアクターが、合法的にでなくても潜在的に、国家や銀行への再融資《リファイナンス》のスプレッドが急拡大することに対して、少なくとも一時的に対抗する能力をもっているかもしれない。中央銀行である。アメリカ、イギリス、日本はこの道具を大々的に利用して金利低下に成功し、こうして銀行や財政に対するストレスを緩和した。不幸なことに、リスボン条約の文面は、国内行為者に対する最後の貸手としての中央銀行のこうした伝統的な役割を禁止している。したがって各国政府は、ユーロが外国通貨みたいなものになったことを悟った。その結果、ＥＣＢに与えられた目標――低い集計インフレ率を維持する通貨政策を実行すること――が、国債に支払われる金利を監視するための最も容易な解決策の一つを阻止しているわけである。

最後に、あまり影響力のないアクターが登場する。欧州委員会である。ＥＣＢやＩＭＦ〔国際通貨基金〕と組んだ欧州委員会は、欧州基金の恩恵を受けた政府に対して、国民的調整プログラムを監視するという、どちらかというと限定された課題を与えられている。そこから、国際金融界の圧力のもと、二〇一〇年三月以来、マクロ経済的悪循環の新しい一連の動きが始まった。

このプロセスは一度だけストップした。それは、銀行（および政府）の破産の脅威によって通貨政策を経済活動に伝達する信用のチャンネルが阻止されている、とＥＣＢが述べたときである。それゆえＥＣＢは、ギリシャ、ポルトガル、スペイン、イタリアから国債を買う権利が与えられた。リスボン条約のこうした創造的解釈は、ブンデスバンク〔ドイツの中央銀行〕の抗議と、ＥＣＢ理事会内部で満場一致の支持が得られなかったことで中断した。二〇一二年七月、マリオ・ドラギ〔ＥＣＢ総裁〕は、ユーロは利用可能なあらゆる手段でもって防衛されるだろう、と発表しなければならなかった（Draghi 2012）。

本書の核心となる予測にとって、これ以上適切な証拠はない。つまり、ユーロのガバナンスにかかわるすべての機関が自らの伝統的な目標や戦略に固執するならば、その今日的なあり方においては、ユーロの崩壊は必至である。だが幸いなことに、これが唯一のシナリオなわけではない。

第Ⅵ章

ユーロの終焉か、ヨーロッパ合衆国か

――きわめて多様な構図に開かれた未来――

ユーロの運命についての今日的議論にかかわっているエコノミストたちは、ほとんど映画『マージン・コール』〔二〇一一年公開のアメリカ映画、世界金融危機に直面した大手投資銀行の内部を描写〕に出てくるトレーダーのようだ。トップ上司に告白するところによれば、そのトレーダーは、近年クウォント——数理ファイナンスの専門家——の仕事に就いたが、その前はロケット科学者だったという。この手のエコノミストたちに言わせれば、ユーロの運命はすでに決定されているというわけである。しかし実際には、それはいくつかのキー・アクターのありうる戦略的動向いかんに大きく左右されるのである。要するに、主導的な集合的諸主体のいかんできわめて対照的なシナリオが展開する可能性があり、どの経路が最終的に支配的となるかをいま外部の観察者が予言することはできないのである。ロケット科学なみの合理的力学の練習問題に代わって、もう一つの、もっと開かれた表象が登場しなければならない。ある主導的アクターが自らに有利なようにゲームのルールを変えていくかもしれず、またそれが——開かれているか否かを問わず——危機からの脱出路を変えていくかもしれないのである。これが本書の第二の核心的メッセージである。

1　幻想の終焉
——公然たる政治的コンフリクトを前にして、欧州統合への機能主義的アプローチは成功しない——

ユーロの回復力を信じている専門家は、共同市場創設の原則に復帰するよう提案し、真の連邦

図14　ある経済主義者の夢、すなわちユーロ救済に向けての機能主義的アプローチへの復帰
——金融的・財政的・政治的連邦主義——

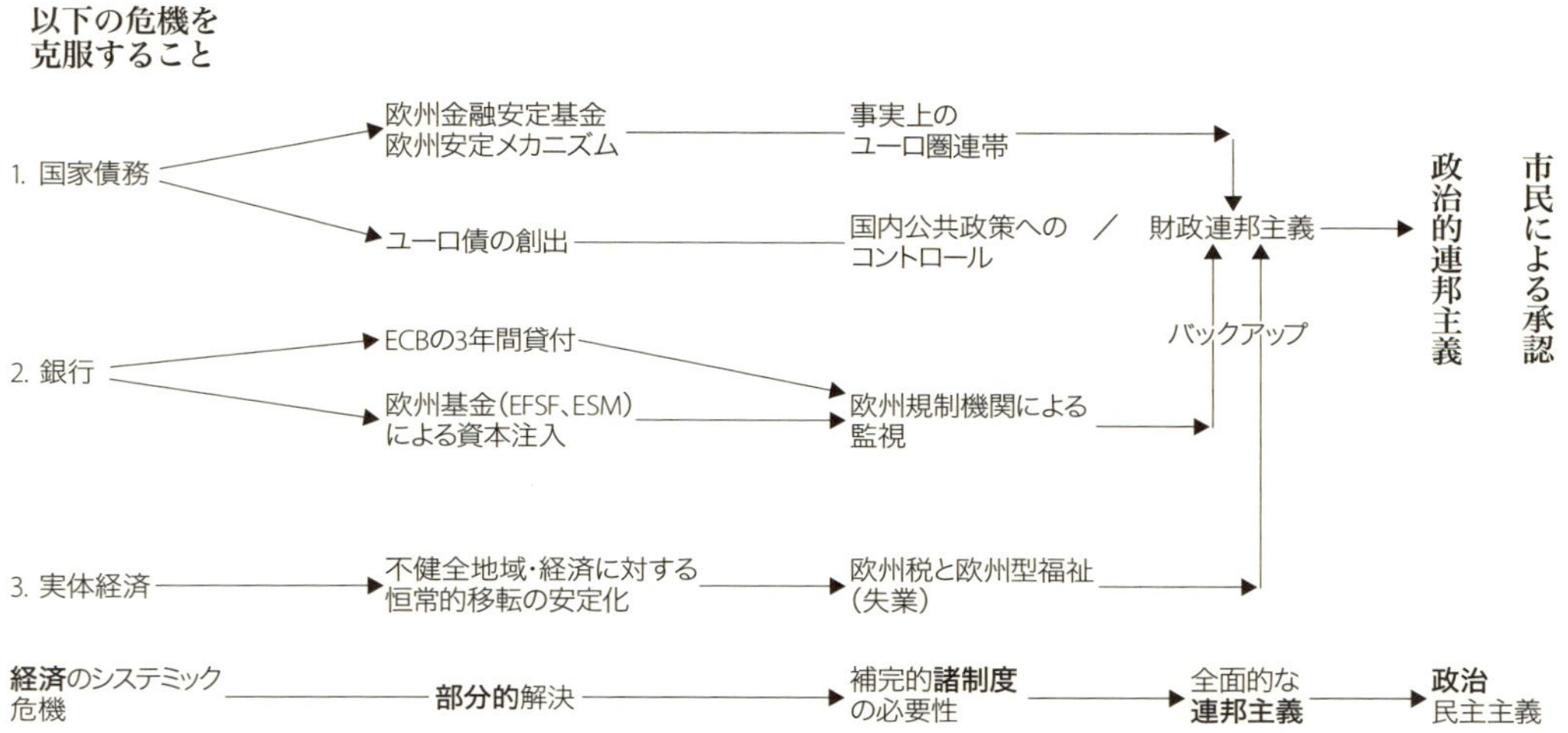

主義ヨーロッパの必要性を訴えている。なぜならば、半世紀にわたり国境を越えて作り上げてきたものが無駄になり、その失敗のコストは——健全かつ良好な加盟国をも巻き込むので——巨額になるであろうし、現にまったく膨大だからである（The Economist 2012）。したがって、欧州金融安全庁をつくり、それをEUレベルでの直接課税を基礎とした予算で支え、国内財政に対する集中的なコントロールを制度化し、デフォルト・リスクを共同化するためにプロジェクト債やユーロ債を発行し、ECB〔欧州中央銀行〕との調整のもと有効なポリシーミックスを展開するための新しいマクロ経済的ツールを構想することが必要だ、ということになる。最後に重要な点だが、この新しく整合性あるEU経済政府のもとでは、ECBはこのように最後の貸手たる役割を果たし、ユーロをドルの地位と並ぶ完全なる通貨に転換することができよう（図14）。

だが、この夢はユーロの矛盾の政治的分析から引き出される教えと食いちがう（前掲第Ⅲ章参照）。つまり、ヨーロッパの政治的土俵および各種の国民的文脈にあっては、意思決定をするのは、ユーロ圏を安全圏に押しやろうと経済法則を応用するシステム・エンジニアなのではなく、各社会経済グループごとしばしば正反対のユーロ観を媒介している政治的仲介者なのである。おまけに、危機からの円滑な脱出を組織できなかったので、テクノクラート的な欧州諸機関はおしなべて腐食し、潰滅さえしている。それどころか失業の深刻化、金融業の富裕な勝者や高度技術をもった専門職業人と貧困な敗者とへの社会の両極化によって、真の民主主義を求める市民的要求と対応しつつ、経済コントロールへの復帰という問題が最高のアジェンダとなってきた。不幸なことに、各国政府は外から課された改革に従わねばならないのだから、欧州のガバナンスは各国内のガバナンスよりも依然として民主主義的ではないと思われている（Levrat 2012; Sen 2012; Habermas 2011）。そうした改革が社会的に高くつくからだけでなく、それ以上に国際市場の信認を回復することができないからでもある。国際市場は——その直接の結果として個々的には社会的にどんなに安全でなくても——自らの信用や資産に対する完全なる法的安全を要求するものなのである。

2 南北大分割の危険性の増大

だがまさに、生産・生産的資本・金融のグローバリゼーションに由来し、そして／あるいはＥＵの規制や指令に由来するところの、いわゆる変更不可能な「外的制約」に対して、欧州市民が自らの民主主義的権利を取り戻そうと決心したとしても、緊急を要するいまの場合、現在の危機を克服するためのテコとして欧州ガバナンスの民主化を求めても、それは遅きに失する。こうして一国の領土というものが、経済問題において大いなる自律性を取り戻すための好都合な土俵として現れてくる。だが、こうした動きは結果として、（あまりに）強い北のユーロと（あまりに）

図15　南北分割は新しい連邦主義的諸制度の構築にとって障害をなす

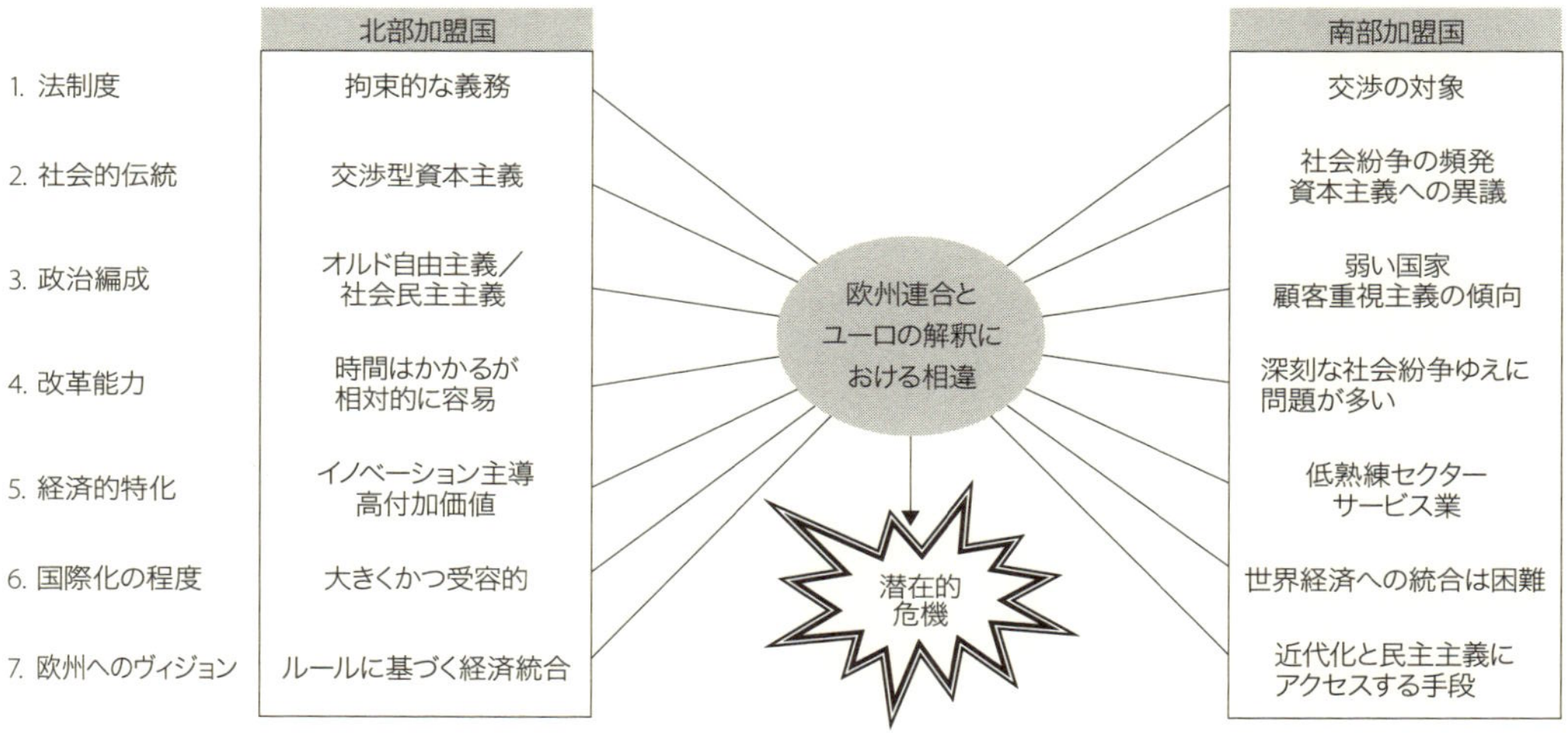

弱い南のユーロの分裂を引き起こしかねない。両者で作用している社会政治的ロジックが正反対だからである（図15）。

欧州アジェンダの各項目が別々に解釈されている。一方にとっては、法的規則は絶対的な至上命令であり、社会の基盤そのものである。他方にとっては、それは解釈や適用に際しての出発点にすぎない。こうした食違いによって、安定・成長協定からの漂流が説明され（前掲第Ⅲ章参照）、……おそらくまた、緊縮度の高い財政協定の実行や二〇一二年夏に決定されたその黄金律がこうむるであろう不運が説明されよう。社会民主主義諸国やドイツでは、たいていの社会グループは社会経済改革の方向性をめぐる熟議に参加できているが、他方、その他のヨーロッパでは政治同盟の交替が起こり、大いなる不安定が生じ、また市場と資本主義の正統性についての論議が繰り返されている。

その結果、前者のグループ〔北欧やドイツ〕では、いくつかの大改革が決定され円滑に実施されうるが、そのためには長期にわたる民主主義的熟議のプロセスが必要である。反対に第二のグループ〔その他のヨーロッパ〕では、新政権によって拙速な改革が決定されるが、その実施や有効性は大規模な街頭デモによって阻止され、次期政権がこうした改革を帳消しにしてしまいかねない。明らかなことだが、第一のグループの方が、グローバル化やヨーロッパ化の挑戦にうまく対応しうる備えができている。

経済的特化の面では、両地域は世界経済の同一市場分野内部で競争しあうことはない。つまり第一グループは、いくつかの高需要・高品質財の高熟練・高付加価値型生産に特化しており、長らく技術フロンティアの最前線にいるという経験をもつ。第二グループは、より多く内需主導的であり、外国貿易から多分に保護された伝統色の強い財を指向している。その結果、両者が同一の為替レートのもとで共存すると、一方には慢性的な貿易黒字が、他方には巨額の赤字がもたらされることになる。もし競争力のある圏域からそうでない圏域への貸付が停止するならば——それが起こったのであり（ギリシャを見よ）、加えて財政連帯はなされていない——同一通貨を共有しつづけることの成算はまったく限定的となる。少なくとも二つのユーロをつくろうと提案する人たちがいるのは、おそらくこの理由からであろう。調整とありうる債務不履行《デフォルト》という苦痛にみちた一定の期間ののち、南が高度成長に復帰すれば、それこそが経済成長と市民の社会的要求——産業再活性化、雇用創出、教育・医療制度の存続——の遂行とを和解させうるのであろう。長期的には実質的な収斂を想像することもでき、その時には、おそらく再び同一のユーロを共有することができるが、しかしそれは、まったく異なった参入為替レートと刷新された「調整《レギュラシオン》」様式のもとにおいてであろう。

政治的には、こうしたシナリオはばかげたものではない。大多数の北の住民は南への恒常的移転を続けることに反対しないだろうか。南の市民はユーロ圏にとどまりたいと宣言するが、同時に緊縮プログラムの停止も要求する。最後には第二の議論が第一のそれを上回ることはないのだろうか。もちろん、経済政策が完全に各国別のものに戻るにつれて、ユーロが無秩序かつ混沌のうちに解体することもありうる。

3　特効薬《シルヴァー・バレット》という幻想を捨てよ――いかなる部分的改革も必ず失敗する

これまでの各節では、ユーロの存続可能性を回復するため二〇一〇年以来提起された多くの施策を示し、これについて議論してきた。提示された議論を総括し、それぞれの経済効率性や各提案の政治的実現可能性を比較してみるのが有益であろう（**表9**）。

ここでは、各種施策に共通する一般的な批評をするにとどめておこう。何よりも第一に、各種施策は危機の展開におけるある局面に対応してはいるが、各局面の背後にある構造的要因を問題とすることはめったにない。こうした欠陥は、二〇一二年六月の協定によって修正されたのではあるが。例えば、金融をもっとよくコントロールするのは結構だが、それは、現行の調整プログラムが無意識的にか意図的にか引金となっている深淵への行進をストップするには十分でなかろう。第二に、ＯＭＣ〔公開調整方式。リスボン条約によって始まった、各国別経験と自発的参加に基づく新しい欧州内手続き〕の達成が貧しいので、ヨーロッパ人はきっと、違反者非難《シェーミング・アンド・ブレーミング》に基づくベンチマー

表9　ギリシャ国家債務危機以降の各種改革提案

影響／改革の性質	原則	経済的有効性／効率性	政治的実行可能性
1. 金融日和見主義のコントロール ・空売り禁止 ・資本移動への課税 ・分離	ファンダメンタル価値と市場価格の乖離の縮小	可能だが欧州ガバナンスには影響なし	産業的特化か金融的特化かに応じて不均等
2. 欧州の公的格付機関	三大民間格付機関偏重への闘い	中程度だがEUにとって中心的な問題ではない	対政府では可能 対民間プレーヤーでは問題あり
3. 財政の評価・統制を受けもつ欧州機関	失敗した政府を名指しで公表	安定・成長協定よりも小さな強制力ゆえに問題あり	市民による正統性付与がないので期待薄
4. 欧州金融救済基金（EFSF, ESM）の創設	破綻国家救済を受けもつEU版IMFみたいなもの	大経済諸国へのドミノ効果があると限定的 実際の実施は困難 モラルハザード問題	健全経済諸国による阻止ないし抵抗
5. 各国財政に対して憲法による限定：自動制裁措置をともなった黄金律	システミック危機をもたらす放漫財政を不可能にする	繁栄期には可能 大危機中は困難 関連した緊縮政策は逆効果	深刻な景気後退／停滞の場合は遵守できない 南北分裂や遵守容易国／困難国分裂のリスク
6. はっきりした成長戦略をもって、ユーロ圏のルーズなガバナンスから明確な経済政府へ	欧州のポリシーミックスの完璧な精査と持続性のあるポリシーミックスの構築	調整コストがあまり高くなければ、現在の条約におけるものよりもよい	主権をさらにまたユーロ圏へ移譲することへの多くの世論の反対
7. 財政連邦主義への出発点としてユーロ債の発行	金融リスクの共同化 低金利	各国公共政策へのコントロールがないとモラルハザードのリスクあり システミック危機の観点からは問題あり	財政連邦主義の含意あり ありうる危機脱出路（……あるいは数十年の連邦主義運動の結果：フランス対ドイツ）

ク方式は、ユーロ圏に向けられた挑戦に対処できる道具ではないと確信するはずである。

第三に、二〇一二年六月の欧州理事会決定に盛り込まれた成長戦略は例外として、たいていの提案はもっぱら純粋に金融的な問題に焦点を当てている。それらは現在の騒動の原因でなく症状しか扱っていない。例えば、各種提案は構造的不均衡をすべて無視しているが、構造的不均衡があるので、策を弄してその場しのぎで切り抜けるのがこんなにも苦痛の多いものとなっているのである。すなわち、不動産バブルの犠牲となった経済においては、建設セクターの巨大な過剰能力や労働力の能力的惰性が見られ、他方、北では設備財や対事業所サービスに過剰に特化しているが、世界経済の減速という文脈にあって、それをもはや南に売ることもできない。欧州サミットや世界サミットで、グリーン・テクノロジーや気候変動への闘いが飾り言葉としてはたびたび出てくるが、現実にはそれを実行できる政権はまったくといってよいほど存在しない。

だが、ほとんどすべての提案がもついっそう重大な欠点は、欧州レベルと国民レベルの間、金融戦略と生産的投資回復の間、財政不均衡の短期的削減と長期の研究開発戦略や恒久的な技能向上の間、貨幣金融政策と国家予算の間、各種の課税政策等々の間に再編成されるべき必要な補完性を無視しているということである。そして制度経済学、とりわけレギュラシオン理論の示唆するところによれば、こうした制度補完性は、何らかの主導的な集合アクターのヘゲモニーのもとで政治同盟が形成されていることの現れであるかもしれないのである。

4 欧州統合における多様な分岐の可能性——リーダーシップが必要だが、その候補は誰なのか

・さきに見た悪循環の反復や深化を避けようとするならば（前掲図13）、若干のカギとなる集合アクターは、自らの目標や利害観の変更を受容し、さらに欧州および各国の経済制度や政策レジームの構造的補完性を再建するために、利用可能なあらゆる道具を用いる必要がある。まさに分析を単純にするため、われわれはある単一のアクターが他者の目標に影響力を有するという構図に限定して研究し、このような力の非対称が生まれてくる環境は問わないでおく。同じ方法論は、金融規制のありうる再構想にも適用されてきた。国家と国際金融界の間の力のそれぞれの分配にとって、いくつかの選択肢が排除されているが、他のものもその可能性の程度に応じてありえよう（Boyer 2011）。この場合、推進力や構図の再編を継続的に引き起こすのは、金融支配の持続であり、ECBの考え方の力強い現代化であり、ジャン・モネ（一八八八〜一九七九年、欧州統合の父の一人）の共同体的アプローチへの遅まきだが強力な復帰であり、最後に、欧州の春——そこでは市民がテクノクラート的でエリート主義的な欧州連合を打倒して別のそれを樹立しようとする——である（**表10**）。

・もしグローバル金融が運動の方向をリードし、分裂し優柔不断な欧州理事会や無言の欧州委

表10　キー・アクターの主導によって目標・利害の非両立性を解決すること

キー・アクター	戦略的資産	ユーロへの影響	最終的な構図	好都合な要因	阻害的な要因
1. 国際金融界がユーロの運命を決める	管理される資産の可動性と量	投機によってユーロ改革の無能力が暴露された	**ユーロの解体** 1. 返済不能国家の排除 2. 伸縮的為替レートによる2層／2段速度のユーロ 3. 単一通貨という理念の放棄、完全なる国民主権への復帰	• 欧州当局の無能 • 国民的利害の対立	• 度重なるスキャンダルの後では先端的金融の正統性喪失 • 金融安定性を回復するための主要中央銀行間の調整
2. 欧州中央銀行の戦線復帰	国債のマネタイゼーション 銀行に対する最後の貸手	• 投機を緩和する • 他のアクターたちに目標調整と構造不均衡是正のための時間稼ぎをする	**プラグマティズムだが整合性あり** • 返済不能国家への債務放棄 • 流動性不足国家への返済繰延べ • 弱体経済国の競争力を再建するための財政連邦主義	• 中央銀行業に対するドイツ的見方とケインズ的見方の妥協 • 欧州委員会および欧州理事会へのノックダウン効果	• 各国政府の日和見主義的行動 • 中央銀行業の見方に関する非和解性 • 弱体国家の無能性
3. 欧州委員会：新しい共同体的アプローチの復活	強力な欧州委員会によるヨーロッパの公共財——ユーロを含む——の防衛	ユーロを単一通貨でなく共通通貨として存続させてEUを完璧に基礎づける	**ひとつの欧州共同体** • 各国通貨と並ぶ連邦通貨としてのユーロ • EUレベルでの資本課税 • 欧州レベルでの金融規制と連邦預金保険 • 弱体経済国を再度産業化するための安定化基金	• 大いなる生産的異質性の認識 • 非効率な緊縮政策よりはるかにましな通貨切下げ • 連帯原理は成長経済諸国によってよりよく実行される	• ユーロ構想の欠陥を認めないというプライド • 欧州委員会の専門的意見とリーダーシップの喪失 • 欧州理事会で政府間交渉が支配したという過去
4. 欧州市民が実権を握る	民主主義の原理：自らかかわる政治的・経済的諸制度の民衆によるコントロール	行動レベルいかんで不確定：典型的にナショナルになるかヨーロッパ的になるかのどちらか	**正反対の帰結がある** **(1) 経済的ナショナリズム** 民主主義は国民国家レベルでのみ表現されうる 通貨主権を含む完全なる主権の再獲得	• 非効率かつ不公正な緊縮政策の瓦解 • 非民主主義的改革に反対する草の根運動の普及	• 黄金の過去への若干のノスタルジー • 民主主義か典型的ナショナリズムか • 保護主義の危険と限界
			(2) 民主主義的交渉に基づく欧州 抜本的な政治的イノベーションが民主主義的EUを可能にする		• ヨーロッパはまだ民主主義の場として構築されていない • 同一政党内（左であれ右であれ）での考え方の対立 • 現状防衛のための強力なロビー活動の支配 • 新しい社会運動は自らを国民的／欧州的政党として組織するのを嫌がる

員会を目の当たりにしたならば、ユーロの崩壊は大いにありうることであり、最終的に投機アタックによって全加盟国が悪影響を受けるであろう。こうした緊急事態に直面したとき、多くの加盟国はデフォルトとなり、国際金融から切断され、これ以上ユーロに留まるよりも自国通貨に戻った方が被害が少なくてすむと考えるであろう。アルゼンチンが多少とも成功裏に行ったように、デフォルト―通貨切下げ―自国通貨復帰という戦略に傾く政府もあろう。だが、この戦略が伝染していくと、こうした急進的な動きはきわめてリスキーなものとなり、それは経済強国にとってさえ、強力な資本コントロールなしには通貨の過大評価に対処できないものとなろう。

・欧州ガバナンスの内部での各種の役割分担のなかで、ユーロのこのような突然の崩壊に対抗できる立場にあるものがあるとすれば、それはECBを措いてない。中央銀行には日々、金融市場や為替市場に介入する力があるからである。だがECBはせいぜい、他のEU諸機関や各国政府が生産の不均衡を修正し、福祉への長期融資を保証し、もっと活力ある成長パターンに復帰するに必要な改革をするための時間稼ぎしかできない。こう言うと、正統派貨幣論の信奉者から強い反論を受けそうだが、それを乗り越えることができるのは、ただ不健全経済諸国が健全経済諸国と新しい同盟を結び、両者の交渉において「大きすぎて潰せない《ツー・ビッグ・ツー・フェイル》」の議論に訴える場合のみである。

・欧州委員会（EC）は欧州理事会の分裂と非有効性を利用できるかもしれない。欧州理事会は国民国家間の抗争や、金融およびその行き過ぎ――インサイダー取引、不正、超高額報酬、実体経済回復への非貢献――についての不信増大を調停できない始末だ。ヴィジョンのあるカリスマ的なリーダーを擁することができれば、ECは先頭に立ってジャン・モネの遺産と半世紀にわたる欧州統合の防衛に訴えることができよう。重要なことは、危機対処において犯した間違いを認識し、緊縮政策を放棄し、未償還国債の免除を推奨し、そして、域内の通貨切下げによる競争力回復が政治的社会的混乱なしにはありえない諸経済に対しては、単一通貨から共通通貨への秩序正しいユーロ転換を編成していくことであろう。会社利潤や資本移動に対する欧州税の創設を取り決め、その収入をユーロを放棄せざるをえなかった諸経済において活力ある生産セクターを再建するために使うべきであろう。そのことの意味は、ユーロ圏の完璧性なるものの犠牲者は欧州連合の強化とかかわりうるし、かかわるべきだということである。全加盟国が再度ユーロ参加の長期的構造的条件を満たしたとき、この旧大陸をふたたびEUへと再統一することが期待されよう。とはいうものの、デンマークの選択が分析されてよいし、もっと好意的に理解されてよい。つまり、自国通貨を維持し、かつそれをユーロにペッグするのではあるが、例外的状況が生じて必要になったら通貨切下げの可能性を開いておくという選択である。結局、かつて一九九〇年代、イギリス人たちが単一通貨よりも共通通貨の方がよい選択だと議論したとき、かれらは正しかったのではなかろうか。ユーロの外にとどまるというスウェーデン当局の選択については、言うまでもない。要するに、大金融危機からのいっそう迅速な回復と強力な輸出セクターの再構築のためには、通貨を切り下げうるという能力はまったく有益なのである。

市民が民主主義的な欧州の春を組織して、経済を政治にふたたび埋め込む長いプロセスを出発させることは可能だろうか。数多くの歴史的エピソードが示すところによれば、それは行きつ戻りつの不確かなプロセスである（Tilly 2009）。当面のところ、現実性のある欧州アゴラは何ひとつ形成されていないが、他方、民族主義的政党が勃興し、自分たちこそ真の民主主義者——草の根の人びとを守る唯一の民主主義者——だと、ますます多くの人びとを説得している。ここでもまた皮肉なことに、国民主権の点で二つの対立する戦略が同じ原理によって支えられているわけである。すなわち一方では、思い切った連邦主義的な動きが欧州中の世論を説得して、同時代の諸力が世界を形づくっているからには、こうした民主主義の原理は大陸レベルでしか実現できないと言い聞かせている。他方では、選挙のたびごとにポピュリストが力を得て、ついには多数の有権者を魅了して、かれらのいう完全なる国民主権制への復帰に対する支持を集めている。現在のところ、勝ち目は明らかに後者にある。

5　未来は長くつづく……そして僥倖はよくあるものだ

こうした曖昧さゆえに多くの分岐がありうるのであり、ハイロードかローロードかの選択のみがすべてでない。以上に示されたごく単純な枠組みからでも、少なくとも六つのシナリオが引き出され、その各段階で予期せぬ経路が現れては淘汰され、そして好転暗転いずれかに向かっていくのであろう。われわれは合理的構築主義からは遠くかけ離れているし、また今後、純粋に確率論的なプロセスをたどるのでもまったくない。権力の分配だけでなく価値観や表象もまた、各経路のありうる配置を形づくるのである（図16）。

こうしてユーロ危機は継続し……そこからの実際の脱出経路は大いなるサプライズなのかもしれない。

図16　ユーロ圏の今日的状況の複雑性と危険性——ハイロード／ローロードの分岐に尽きない

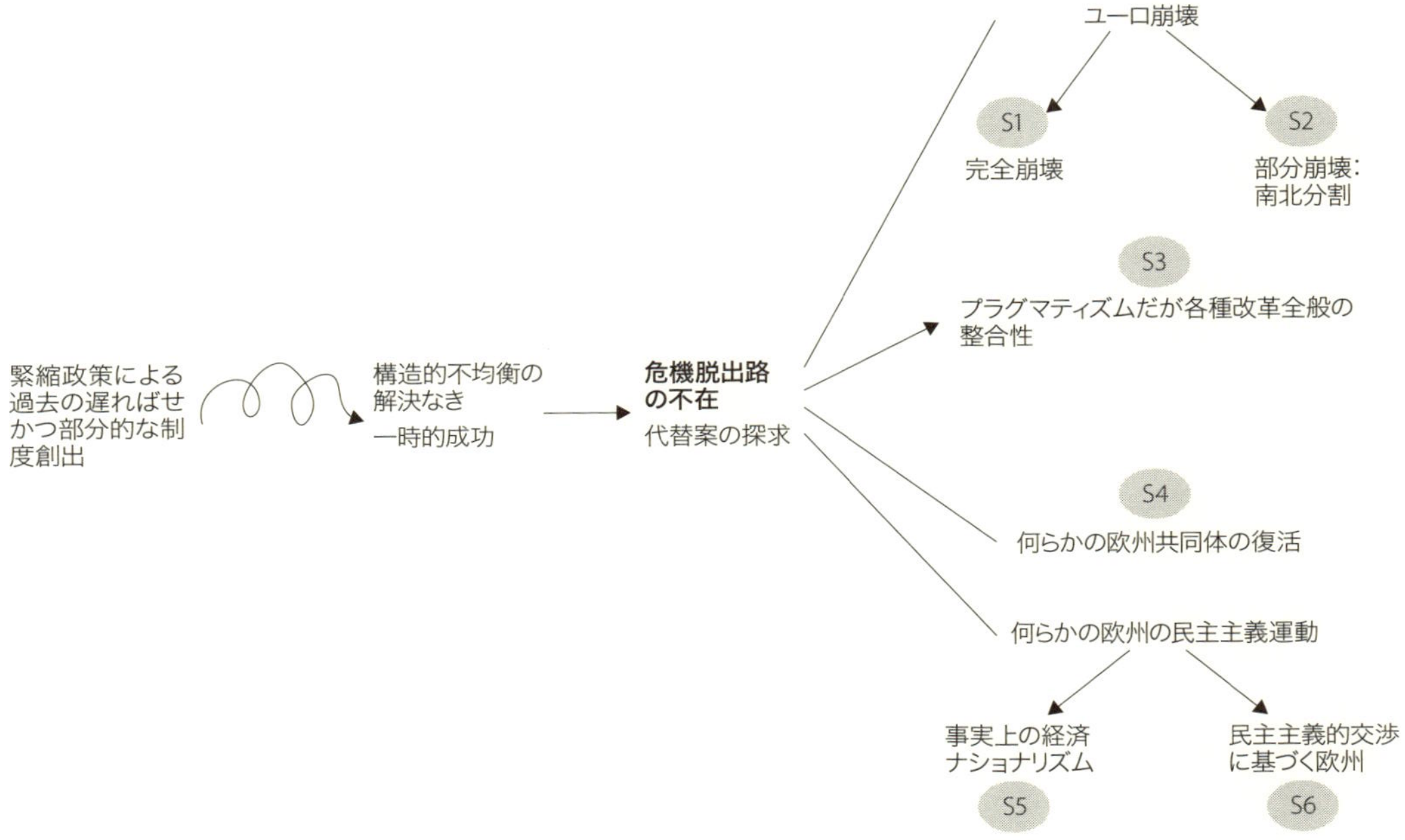

結論

1　在来の知見では二重の解釈が示されている。経済のレベルでは、ユーロ危機は典型的な第一世代の危機以上のものではなく、つまりは、固定為替レート、完全な国際資本移動、放漫財政の間の非両立性の結果以上のものではない。だがこの見方は間違いではないにしても、きわめて視野狭小である。政治のレベルでは、第二の共通評価によれば、いかなる通貨も完全なる主権国家の支えなしには持続性がない。実際にはユーロ圏の危機は、もっと別の深い原因に由来しており、それは以下の三つの相互依存的なプロセスの爆発的な相乗効果にかかわっているのである。

2　第一に、**新しい古典派のマクロ経済学**は、信用の役割や金融市場が期待形成に及ぼす影響を考慮することなく、市場経済にビルトインされた安定性について、大多数の経済学者や政治家を納得させてきた。こうして、ユーロの影響評価のために用いられた経済モデルは、いかなる危機もありえないという仮定のうえに構築された。その仮定とは、外生的なリアル・ショックのみによって動くマクロ経済的均衡の構造的安定性、ハイパワード・マネー〔民間部門保有の現金と民間金融機関の中央銀行への預け金の合計〕の中立性、期待の完全合理性、非自発的失業の不在、倒産の排除……といったものである。実際には、経済的なポリシーミックスや国内的「調整《レギュラシオン》」様式の自律度が完全に変化したのだが、それを分析するためには、これはむしろ貧弱な出発点であった。貨幣金融政策や為替レート政策が失われるからには、イノベーション・産業政策や、社会協定ないし所得政策といった他の手段を動員することが要求されるのであり、これら諸手段は現在危機にある国民諸経済にあってはめったに使われなかったのである。

3 関連して政治家やマクロ経済学は、生産特化、経済政策スタイル、政治的法的考え方の点で、ユーロ圏加盟国の異質性を過小評価してきた。加えて、国際化やユーロから利益を得るグループと、それによる損失を恐れているグループとの間の社会的分断が深まっているので、例えば欧州条約に関する国民投票を通して欧州レベルで交渉したルール——これは国内世論がどうあろうとも実施されなければならない——を参照することによって、国内民主主義制度の統治能力《ガバナビリティ》が危険にさらされている。こうしたテクノクラート的アプローチと対照的に、社会民主主義社会のなかにはユーロへの不参加を決めた国もあるが、その理由はまさに、損得のバランスが不確定なので、後戻りできない通貨同盟を選択するのはあまりにリスクが多いということであった。

4 第二に、EU内の意思決定プロセスが複雑なので、各国政府は近代化／国際化のアジェンダを採用してきた。これが**国内の政治プロセス**によって阻止されたときには、政府は公共支出や減税を利用したが、これらは経済社会政策の範囲が限られているなかではごく安易な手段であった。そこから安定・成長協定の度重なる侵犯が起こり、また、いちばん弱い経済で——一九七〇年代以来これら諸経済がこうむった構造的不均衡を縮小できないほどの——国債／GDP比率の恒常的上昇が起こった。公共支出や福祉移転は、ユーロ加盟後の成長や雇用を維持するための安全弁として用いられ、次いで、サブプライム危機後には自動安定装置によって財政赤字が拡大し、最後に、弱体化した金融システムを無条件に支えたので、例えばアイルランドでは財政赤字は極端に悪化した。そこに見られる幻想こそ、劇的だが一時的な緊縮政策が実施されれば、一〇年来、場合によれば二〇年来積み重なってきた不均衡が素早く克服されうるという思い込みである。

5 第三の責任、すなわち**金融規制緩和とグローバリゼーション**の責任が絡んでくる。資本配分や経済再構築の面で不人気な意思決定を政治的土俵から取り除いてしまって、多くの政府は喜んでいた。当初、政府は、製品市場や労働市場の自由化が経済的制約を強めることによって低成長をもたらすのではないかと恐れていたが、金融の革新と国際化によって、家計、企業、国家の異時点間所得制約が除去された。おまけに金融は、リスクを隠蔽および/あるいは移転する手段を提供することによって、競争力の劣る諸経済がユーロに加入する資格を与えた。過剰赤字手続き〔EU基本条約に定められた財政規律保持の手続き〕を強制する政治的権威も意思もないので、欧州の諸機関(欧州理事会、欧州委員会)は、この課題をうまい具合に国際金融界に委ねた。そこから、まずは極端に寛容な融資がなされ、次いでユーロ存続についての過大すぎる悲観的評価が後追いするという皮肉な事態が生まれた。こうした病理パターンは、自由化された金融に典型的なものだが、それが局地的/限定的危機(ギリシャ)から、ユーロ——および欧州連合そのものさえも——の将来についてのグローバルな不信へと転化したのである。

6 ユーロは忍びよる危機から公然たる危機に転化したが、何度試みてもそれに対して適切な対応をすることができないのは、何らかの非合理性とか政治的意思の欠如とかのせいではなく、キーとなる集合的アクターの両立しえない目標や利害が複雑に絡みあっているせいである。すなわちECBは、物価安定を保証するという過去の約束に縛られている。欧州理事会のなかでは、ヨーロッパの将来ヴィジョンに関する対立のゆえに、政府間交渉はまことに厄介で遅々たるものである。国際金融界は安定した高収益を得る力を与えられ、そのグローバル・ネットワークとその商品・組織の複雑性によって、いまや他の多くのアクターを支配している。欧州委員会は、欧州共同体的アプローチを復活させるための正統性と手段を欠いており、また、ヨーロッパの中核的な公共財を防衛し新しいそれを創出することができていない。市民たちは、民主主義の原則がリスクにさらされており、自分たちに責任のない危機に対処する点で欧州の諸機関の実績が芳しくないことについて、不平をこぼしている。

7　ユーロの未来は定まっていない。欧州的土俵と各国別土俵の間に能力を配分する点で、他の集合的アクターの戦略をもっと整合性のある構図へと具体化しうる集合的アクターの数と同じくらい、多くの未来が存在するのかもしれない（前掲**表9**）。せっかちな金融の冷酷な圧力のもとユーロが崩壊して、金融は再度完全に各国別のものとなるか、ユーロ内での南北分断が生ずるという未来。ＥＣＢの推進力と援助のもと、各国別制度と欧州的制度の網の目が次第に新しい構図をとっていくという未来。現在の条約に深く埋め込まれている競争原理に対立して、共同体および協調の価値観という新しい基礎が生まれ、これが政府間主義に代わっていくという未来。最後に重要なこととして、結果は曖昧だが民主主義の復活という未来。でも、どのレベルの民主主義か。国民国家は民主主義にとって唯一の有効かつ適切な土俵なのか、それとも最終的に、民主主義的な交渉を経たヨーロッパが支配的となるのだろうか。

以上からこう予見される、

――ユーロ危機はつづく、そしておそらく数々のサプライズが起こることだろう、と。

〈解説談話〉

ユーロ危機の現状と日本へのメッセージ

1　欧州統合の歴史と単一通貨ユーロ

今日のユーロ危機を理解するためには、欧州統合について、その歴史に遡った分析をするのがきわめて重要なことです。というのも、今日、多くの人がユーロ危機について語り、ギリシャの支払不能を問題とし、これはごく最近の現象だと考えている。しかし、問題は欧州統合の長期的展開過程そのものにあるのです。欧州統合は何よりも、独仏間の戦争、したがってヨーロッパの破壊を防止するために始まったのであり、本質的に政治的なものです。だがもちろん、独仏の政治的和解は困難なものでした。例えば、ドイツは日本同様にアメリカに占領されていたし、フランスは相対的に独立した地位を確保していました。こうしたなかで、抗争は独仏を中心としたヨーロッパの巨大独占体の紛争に由来するという考えが受け入れられ、石炭・鉄鋼産業の競争を組織するためのゲームのルールを作ろうということになりました。市場を組織しよう。それが政治的関係をいっそう平和なものにする、というわけです。だから出発点はごくささやかなもので、石炭・鉄鋼市場の共通の規準を組織しようといったものでした。

一九五八年〔ローマ条約発効〕以来、石炭と鉄鋼だけでなく他の多くの工業製品にも拡大されてきました。これが共同市場の始まりです。ヨーロッパ内の補完関係を組織すべく市場が深化してきた。これがうまく機能して経済成長が促進され、フランスの奇跡、イタリアの奇跡が生まれ、こうしてこれはヨーロッパの補完関係を組織する点でとても効果的な方法となったのです。

その後、一九七一年〔ニクソン・ショック〕に大きな変化が現れます。変動相場制に移行する方向に舵が切られ、同じく金融のグローバリゼーションが始まりました。金融は株式市場や為替市場で資本の利用を組織していましたが、この動きがますます為替レートを支配するようになった。こうして、ドイツ・マルク、フランス・フラン、スペイン・ペセタの間の為替の浮動性が次第に大きくなってしまいました。経済の不安定性がもたらされ、これが単一市場に大きな問題を生み出したのです。というのも、このままでは、毎日毎日、純粋に貨幣的な要因によって競争力が左右されてしまうからです。これに対して、一九八〇年代後半にはジャック・ドロールEC委員長のもとで経済通貨同盟（EMU）が推進されました。

一九九〇年代初頭になると、金融危機が激化してきます。例えば一九九三年の欧州通貨危機ではドイツ・マルクが高騰し、フランス・フランやイタリア・リラが下落した。こうした為替レートの浮動性に対して何か対策を打つべきではないか。金融グローバリゼーションの圧力のもと、為替レートのコントロールをなぜ組織しないのか。こう考えられたのです。これが欧州通貨制度（EMS）です。そこでは基準となる為替レートが設定され、各国中央銀行は長期的な為替レートを維持するために介入できるようにしました。

ところが、それでは十分ではありませんでした。一九九三年〔マーストリヒト条約発効〕の時点で、各国の通貨に関する考えは、二つの立場に大きく分かれていました。第一はイギリスの考えで、エキュ（ECU）のように、純粋に名目的な計算貨幣を使って共通通貨を創出すべきだというものので、それ自体は実際に流通するものではありません。これに対してフランスやドイツは、各国通貨を廃棄して新しい単一通貨に移行し、金融市場の期待をコントロールすべきだとしたのです。また、それ以前の一九八九年には、ドイツ再統一がありました。このときドイツ以外の人びとが危惧したのは、ドイツは、もはやヨーロッパの中央として位置するのではなく、独自に東ヨーロッパとともに歩むかもしれないということでした。このため、ドイツをヨーロッパの枠組に結びつけるべくミッテラン仏大統領とコール独首相の妥協が追求され、ドイツはマルクを捨てることを受容するかわりに、単一貨幣を創設するというかたちで、ドイツと他のヨーロッパ諸国との妥協が成立したのです。だから、これはある意味で、きわめて地政学的な動きでした。

ただしマーストリヒト条約〔一九九一年十二月締結〕は、ほとんどドイツの主導で成立したとも言えます。完全に独立した中央銀行と厳格なルールをもつこと、財政の逼迫した国家を救済してはならないこと、財政赤字の上限を定めることなどは、まさにドイツの考え方に合致しています。つまり、条約はすべてドイツが納得するようにした代わりに、ドイツはマルクを放棄するというわけです。このようにして、ドイツはユーロという通貨の安定性を事実上コントロールする立場に立ち、条約はきわめて制限的なものとなりました。言いかえれば、ドイツがヨーロッパに留まる代わりに、ヨーロッパはもっとドイツ的になる、という大いなる妥協です。

そこに現れたのが、金融イノベーションの進展です。巨額の資本移動が起こり、価値創造と資本移動との間に巨大な不均衡が生じてきました。為替レートは、購買力平価によってではなく、資本資産に対する収益を均等化するように決まるようになり、それは極端に浮動的になりました。ユーロ／ドルの為替レートは国際金融界の見方に従って変動するようになったのです。当初、アメリカは、ユーロは成功しないだろうと見ていました。事実、二〇〇〇年代初頭にはユーロは対ドルで相場を下げるのですが、米英も驚いたことに、ユーロ相場はやがて急上昇し、一〇〇ユーロ＝八〇ドル（二〇〇二年）から一六〇ドル（〇八年）へと二倍近くになってしまうのです。

これによって旧来からEU内にあった競争力格差の問題が深刻化します。ドイツは価格設定者であり、製造業製品を作っていましたが、輸出価格を値下げすることで対処できました。しかし、フランス、イタリア、スペインは競争力ある製造業に特化しておらず、こうした国々では脱工業化が進行し、大きな貿易赤字を経験するようになりました。そこから、ヨーロッパの深刻な問題が生じてきます。つまり、ドイツやフィンランドのおかげでユーロ圏は対外的には貿易黒字を記録し強い競争力を発揮しました。しかしその裏で、ユーロ圏内では貿易収支面で信じられないほどの不均衡が生まれました。これは一つの大きなドラマです。当初はどの国も貿易はほぼ均衡していたのですが、ユーロ創設とともにドイツは巨額の黒字を、フィンランドはそれなりの黒字を記録し、他方でイタリア、スペイン、ギリシャ、そしてフランスさえもが赤字となってしまったのです。だから、ユーロという世界通貨は巨大な異質性を生んでしまった。そこからギリシャ、イタリア、スペインへの資本流入が必要となり、競争力の喪失を埋め合わせたわけです。

新古典派経済学者はこれを理解していません。かれらは、危機は二〇一〇年、ギリシャの破綻から始まったといいます。しかし、事態はもっと早くから始まっていたのです。問題は短期の不均衡にあるのでなく、ユーロそのものの帰結だということです。通貨政策は共通だが調整様式は異なり、その結果、経済発展のパターンが分岐していったのです。かつて各国は異なった政策の結果、経路は収斂していたのだが、いまや同じ政策の結果、パターンが分岐することになった。新古典派経済学者はこれをまったく理解できていません。かれらは最適な「ワン・ベスト・ウェイ」に従って行動すべきであり、誰もがドイツのように行動すべきだとしか言いません。

しかし、南欧はサービスや非貿易財に特化しています。だから南欧の支払不能はユーロの成功そのものによってもたらされたのです。例えば、ギリシャは観光業や農産物輸出に特化しているのに対して、ドイツは工業に特化している。そこには前例のないほどの相互依存関係ができており、その結果、何かショックが起こったときに、いくつかのユーロ圏諸国は対外貿易を均衡させるだけの生産の競争力がないのです。この点、小さな構造変化にあっては、人びとはあまり気がつかなかったのですが、ユーロ危機のなかで、ギリシャはまったく競争力がないことがはっきりとします。しかし、いまだにドイツは、ギリシャには他国に売るものがまったくなく、支払能力がないのだということを理解していません。

だから、これはレギュラシオン理論の見方の利点ですが、ドイツとギリシャでは調整様式がまったく異なるということなのです。ところがドイツ人は、ギリシャが欧州条約に署名したからには、ギリシャはドイツのようであるべきだと考え、なぜギリシャに競争力がないのかを理解しなかった。ですから、私は、ユーロのもとでの知的失敗を強調したいのです。スペインがいい例です。二〇〇八年までのスペインは奇跡そのものだった。フランスもスペインを見倣うべきだ、とまで言われた。そのとき、実はスペインも大危機への道を歩んでいたのです。最高の専門家でさえ危機を予期できなかった。そこには新古典派経済学者の知的失敗があります。どんなに膨大な分析装置をもっていたとしても、結局、間違ってしまう。これはとても重要な点であり、しかもそれがヨーロッパのドラマの一つなのです。

要するにユーロは新しい異質性を生み出したのであり、これは他の様々な政策によって対抗することはできないものでした。南北ヨーロッパの異質性は、以前からあったそれではなく、まさにユーロによって作りだされたのであり、しかも悪化してきた。ユーロ危機がかくも深刻なのは、こうした理由によるのです。

2　ユーロ危機の現状と各国の相克

二〇一〇年三月の時点では、ギリシャ危機は小さな危機でした。選挙で新政権が生まれ、ギリシャの財政赤字が公式発表よりもずっと大きいと報告された。前政権は赤字を意図的に過小評価していた、それはきわめて大きいものだ、と警告を発したのです。しかし、その当初、危機はそう深刻なものではありませんでした。というのも、ギリシャは、全ヨーロッパのGDPの一・五％を占めるに過ぎなかったから、ある意味でごくマイナーな危機だったし、グローバルな関係のなかではギリシャはヨーロッパにとってそれほど重要ではなかった。でもその結果、何が起こったか。

ドイツはまず、ギリシャに政府債務を完全に返済するよう要求しました。ドイツは、ギリシャが他のユーロ圏諸国を騙していたと批判しました。しかも、ドイツの世論は、ギリシャの膨大な債務を受け入れることがまったくできなかった。そこで、経済的結果がどうなろうとも、ドイツはギリシャをとっちめようとしました。ひどい奴だ、罰を与えるべきだ、と。そこから第二の小さな危機として、ドイツとその他ヨーロッパとの争いが始まった。しかし、本当の問題は次のようなことでした。

この状況での正常な解決策は、もちろん債務返済を完全に繰り延べることです。というのも債務は対GDP比で膨大だったからです。例えば、第一次大戦後のドイツもとても大きな債務をかかえていましたが、このようなときの方法としては、三年償還の短期国債を二五年債に転換するとか、一部債務の帳消しとかです。重要なことは、現在のギリシャ危機は単なる流動性危機ではなく支払能力危機だということです。政府には金がないだけでなく、そもそも財政収入を生み出す租税システムがしっかりしていない。これがわかっていたならば、危機はもっと早くにくい止めることができたはずです。なぜなら、ギリシャの問題を解決するため、債務繰り延べ、一部債務の帳消しもできたからです。

だが、欧州理事会のなかで大いなる確執が生じ、ドイツはギリシャをとっちめるべく他のヨーロッパ諸国と対立した。国民的利害間のコンフリクトが始まったのです。まさにそこから、危機はポルトガルやアイルランドに広がってしまった。というのも、金融業者は次のように考えた。ギリシャには競争力がないが、ポルトガルもそうだろう、アイルランドも大きなバブルを抱えていて危ない。アイルランドでは、国家が不良債権を肩代わりし、預金の完全保証をしたために、公的債務は巨額になっていった。こうして危機が伝染していったのです。

ここから金融市場は次第に各国財政を詮索するようになり、その矛先はスペインに向かい、イタリアに向かいました。これら諸国を完全に救済するために必要な金額は、金融安定メカニズム

〔二〇一二年十月発足〕が用意できる資金をはるかに超えています。だからある意味で、危機の規模の大きさとくらべて欧州の基金総額はあまりに不十分です。こうして危機は、その起源についての認識不足と対応の遅れのゆえに、ギリシャという小さな一国的危機からユーロ圏のグローバル危機へと転化した。そして、欧州理事会は何度も何度も開催されたのですが、その決定はあまりに遅くあまりに部分的でした。支払能力のない国々は、積極果敢な政策を要望したのですが、ドイツがこれを拒否する。これの繰返しです。ドイツが小さな譲歩をしても、金融市場はまた投機を始める。そして、CDS〔債権倒産保険〕価格が高騰しました。

危機は広がる一方で、ついに二〇一二年六月二十八～二十九日の首脳会議では、スペインの危機を克服するための政策が決定されなければならなかった。そのためには、スペインの銀行を直接支援する必要があったのです。しかし、欧州理事会は有効に機能しなかった。欧州中央銀行はユーロを救うため、こうした意思決定の欠如を短期的に埋め合わせていただけでした。

こうして、南北ヨーロッパの大いなる分裂が拡大してきたのです。北はきわめて競争力があり、低インフレであり、高福祉で、しっかりとした政府をもっている。南は競争力がなく、縁故的なクリエンテリズム国家だ。政府は、人びとの福祉を守ったり、中小企業に融資するといったことができません。このため、ギリシャ政府は、国民のコンセンサスをえることがなかなかできず、反政府的運動が活発化しています。そこに大いなる分裂があります。フィンランド、ドイツ、オランダが同じグループをなし、これら諸国がきわめて制限的な立場を守り、たくさんの貨幣を要求してはいても、実効性のある政策を行っていません。

ところでフランスは、このなかで大変重要な役割を果たすことになります。というのは、南北両グループの間の仲介役の位置にあるからです。北フランスはドイツ・モデルと同じモデルに属し、南フランスは南欧に属している。こうしてフランスは南北のクッション役をはたしている。フランスは南も北も理解できるというわけです。サルコジ前大統領はもっぱらドイツとともに生きようと考えていましたが、社会党のオランドが大統領に選ばれて〔二〇一二年五月〕、彼はドイツと交渉することによって南を助けようと決めたのです。

ただし、南部ヨーロッパの国々のなかで、ギリシャだけは例外です。すでに、債務返済能力をもっていない。しかし、他の南の国々は、救済することができるはずです。また、アイルランドも、金融自由化がもたらした危機なので、これとはちがった状況です。

いずれにしても、ユーロ導入後、貿易黒字国と赤字国とへの分岐という傾向が生まれたことが決定的です。ドイツでは、ギリシャのために金を出すべきでないという世論があり、他方では、スペイン、ポルトガル、ギリシャにおけるコンフリクトがあり、議会に対するデモが続いていますが、これはある意味で、コンセンサスを得る能力の問題でもある。だから、ユーロの現状はきわめて危険なものです。このままでは破綻に陥り、人びとはユーロからの離脱を認めることになるかもしれないからです。ドイツでは関係者が、われわれはギリシャがユーロから離脱することを選びたいと公的に宣言する始末です。いまやドイツ世論の七〇%は、ギリシャをユーロ圏から追い出すべきだと答えています。

私の個人的意見はこうです。事実として、ギリシャは借金を返済できない。理由は二つ。第一、四年間の不況を経て、ギリシャのGDPはピーク時にくらべて一五%落ちている。この貧しい経済にもっと多額の返済を求めるのは不可能なことです。第二、ギリシャの負債総額はその富の総額よりも大きい。これは技術的にいって破産状態です。これでは絶対に払えない。だから困ったゲームが起こります。ドイツがギリシャを追い出すか、あるいはギリシャがドイツを追い出すか、と。これは大きなドラマです。ギリシャが崩れればポルトガルが、スペインが、そしてイタリアが崩れる。これが金融市場の見方です。

ギリシャの債務返済問題に関するフランスの見方はどうかというと、フランス人は南欧寄りの立場で、ドイツには反対している。ドイツはギリシャに対して厳しすぎる、とフランス人は考えている。しかしながら、南欧諸国が債務不履行になれば、フランスでは救済のため増税がなされるかもしれない。そうすれば財政連帯という問題が浮上することになるでしょう。またフランスの金融界はどうかというと、かれらは大部分、もっぱらアングロサクソン的ないしアメリカ的な見方を共有しています。このような見方にとっては、ユーロはその出発点から愚かなものだということで、かれらの一部はユーロの崩壊を予想しているのです。経済学者のあいだでも、クルーグマンやスティグリッツは、ユーロがうまくいくことを疑ってきました。これと同じで、金融界は欧州の国債を売ってドルやドル資産をもつことによって、ユーロへの反対投票をしているような状況になっています。欧州中央銀行などのＥＵの公的機関のみが国債を買ってユーロを守っているわけです。

3　ユーロ危機対応の問題点と将来的シナリオ

二〇一二年三月から八月にかけて欧州理事会が何度も開かれたのに、危機は収束していません。ユーロの将来を考えるための第一歩は、なぜ危機から脱出するのがそんなに難しいかを理解することです。多くの専門家がヨーロッパへ来て、「簡単なことだ、私の助言に従いなさい」という。だが何よりも、それらが失敗したことを認めなければなりません。これを、もう一度まとめることにしましょう。

第一の問題は、次のようなものです。誰ひとり、これまでのマクロ経済的パラダイムを変化させようとはしていません。例えば自由市場論者は、ヨーロッパ硬化症のせいだという。ケインジアンは、ブリュッセル〔ＥＵ本部〕のレベルでケインズ主義が実施されないからだという。シュンペータリアンはイノベーション政策がないから、ヨーロッパは低成長なのだという。そして、ドイツ人は、各国の人びとが欧州条約を守らないからであって、われわれは正しくギリシャ人が間違っているのだという。こういうわけで、誰も「自分たちは間違ったのだ」と認めない。

第二の問題点は緊縮政策です。当初、ユーロのもとでは通貨切下げができないので、通貨切下げに匹敵する規模での賃金・福祉の切下げをしなければならないということでした。しかし、緊縮財政のもとで、ギリシャでは四年間、スペインでは三年間の不況が続き、景気は回復しなかった。緊縮政策は、失敗しました。それはつまり、ケインズ的な不況圧力の効果の方が新古典派的な競争力効果を上回ってしまったということです〔*Cambridge Journal of Economics*, 36 (1), Jan. 2012 のボワイエ論文参照〕。印象的なことに、ギリシャ人は「払えない」といい、ドイツ人は「財政支出削減の努力をしないから払えないのだ、もっと財政支出の削減をしなさい」という。ドイツ人は、これまで銀行についてやってきた戦略をもっと進めようとしているだけです。

第三に、危機が当初からいつも過小評価されてきたことが問題です。例えば、ギリシャが払えないのは流動性不足の問題だ、かれらに貸し出せば払えるだろう、というように安易に考えられていた。例えばスペインやアイルランドは、初めのころはまあまあ黒字だったが、二〇〇八年危機とともに赤字になった。しかし、これとちがってギリシャは、この十数年間の全期間にわたって一貫して財政赤字であって、赤字は近年に始まったことではない。したがって、政府債務の返済は難しいのです。ポルトガルもずっと赤字です。ギリシャはたんなる流動性の問題ではなく、返済不能なのです。スペインやアイルランドは流動性危機かもしれないが、しかしギリシャは、十分な徴税能力をもっておらず、危機のもとで返済不能に陥っているわけです。だから、流動性危機と支払能力危機を混同してはならない。しかも、この状況でユーロ圏加盟国のなかで調整様式の異質性が拡大していて、EUレベルでの調整がとても難しくなっています。

最後の危機の過小評価の点で言えば、具体的には次のような危機の連鎖も起こります。メルケル独首相は、次の危機では銀行が破綻したら株主が損失をこうむるようにするという。こうしてギリシャのケースにこれを課そうと決めたとします。すると金融界は、次に危機が起こったら、貸付金を失うかもしれないことを知る。そうして、債務削減がアナウンスされると、金融業者は直ちにそれを織り込んで破綻しないようにし、その結果、金利は劇的に上昇することになります。するとギリシャは、もうこれ以上は国債の借換えを続けられなくなる。つまり、株主にも損失を負わせるというのはモラルハザード防止のためによいアイデアなのですが、しかしそうすることによって、現在の危機はさらに悪化し、そこから脱出ができなくなってしまうのです。

こういった間違いが何度も繰り返されているのです。例えば、ユーロ共同債〔ユーロ圏諸国が共同でユーロ建てで発行する債券〕。これからの作るべき制度として、それは素晴らしい！　だが、それをいまアナウンスすると、このことがドイツ人に、ユーロ圏の全員に代わってドイツがそれを払うことになろうと受け取られる。だから、ドイツ世論はこれを阻止し、したがって危機脱出も阻止されることになる。つまり時間の尺度が二つあるのであって、将来のレジームが有効かどうかということと、それに至る移行がうまくいくかということとは、まったく別のことなのです。これからのレジームを整合性あるものにしようとアナウンスするのはいいが、それをいま実施すると現在のシステムに破綻が起こってしまう。こういった重要な問題が無視されています。

もっとも、もっと大きな理由は、まったく別のところ、政治的領域にもあります。ヨーロッパ経済には多くのアクターがいます。ガバナンス（統治）とガバンメント（政府）を区別すべきです。かつては、各国レベルでガバンメントがあり、整合的な編成がなされていた。ところがいまや、五つのアクターが存在している。欧州理事会、欧州委員会、欧州中央銀行、各国政府、そして金融界です。それらは政策決定において複雑に絡み合うようになってきた。これは、アクターたちのネットワークという意味で、「ガバナンス」と呼ばれます。それらがみな経済政策の結果に影響を与えている。しかし、各アクターは対立しあった目的をもっている。例えば、国際金融界は、ギリシャ国債やスペイン国債に対してもっと大きなスプレッド〔金利差〕を要求する。すると欧州理事会はそれをカバーするために金融基金を拡大しようとする。だが直ちに各国政府がこれを受け入れるのは、容易ではない、といった具合です。さらに、問題はドイツの憲法裁判所が、欧州安定メカニズムの拡大を受容しなければならないことです。もしこれが阻止されれば、不信が増大し金利がまた高騰する〔二〇一二年九月ドイツ連邦裁判所は欧州安定メカニズムに合憲の判断を下した〕。欧州中央銀行は各国の国債を買うことができるようにすべきなのですが、欧州条約によってそれは制限されている。となると欧州委員会は、緊縮政策を強めなければならないということになる。

というわけで全体を見ると、各アクターの目的は完全に矛盾しあっている。条約遵守、収益最大化、欧州理事会での政治、国内コンセンサスの取りつけ、等々、各アクターはそれぞれ自分に与えられた道を歩んでいるわけですが、それらが完全に非両立的なわけです。こうしたガバナンス不全によって、EUのマクロ経済全体は悪循環に陥っているのです。

これが、私が言いたいことの核心です。例えば、トービン税〔国際金融取引に対する低率課税の提案〕のことを考えてみてください。そうすれば金融業者の力を減らすことができる。かれらと妥協することができるかもしれない。ドイツの意見が、南部ヨーロッパを助けるものとなれば、南北ヨーロッパが収斂していく可能性もあります。しかし、このためには誰かが政策目標を変更するイニシアチブを発揮しなければならない。しかし、金融界は自らの収益だけを考えています。現在、だれも、このような考えの転換を行おうとはしないのです。これが、ヨーロッパにおける長期的かつ永続的な悪循環の根本原因なのです。

それで、将来的シナリオの問題ですが、これについてはステファノ・パロンバリーニのアイデアが生きてきます。ヘゲモニー・ブロックが必要だが、ヘゲモニー・ブロックはリーダーを必要としている。そして強いリーダーシップと互いの信頼が必要なのです。このような妥協は、必ずしも平等な妥協ではない。特に、金融の支配に対しては欧州中央銀行の力とリーダーシップが必要です。なぜ米英がこれまでうまくいったかというと、中央銀行が国債の信用を支えていたからです。現在、金融業者に対抗できる唯一のアクターは中央銀行なのです。

第二の問題は欧州委員会です。バローゾ委員長の変化を想起してほしい。彼は、若いが強力な政治家です。かつて、欧州統合の出発点には、ジャン・モネがいました。彼のリーダーシップによって、ヨーロッパは、共通の方向に向かって進んだのです。しかし、その後、ヨーロッパは共通の方向性を見失いかけています。たんに競争だけでなく、共同体的センスをもった相互協力のヨーロッパに戻らなければならない。私はイギリス人でもなく、フランス人でもなく、ヨーロッパ人なのだ、と。

最後に、欧州レベルでは民主主義が大いに欠如していることを指摘したい。例えば、なぜスウェーデンがユーロに参加しなかったかというと、かれらがいうに、われわれは民主主義的な国だ、われわれは何ごとも民主的にコントロールする、ユーロに参加するとそのコントロールが失われる、と。それに対する私のアイデアはこうです。ヨーロッパが市民のコントロールのもとに置かれるのなら、われわれは「社会ヨーロッパ」（市場主義的な「市場ヨーロッパ」に対抗する社会民主主義的なヴィジョン〕を建設することができるだろう。金融業者の利害でなく市民の福祉を考えなければならない、と。だから、このシナリオは民主主義原理の再発見を意味するはずです。そうならない場合には、民族主義の危険が増大するでしょう。その場合、国民国家単位で民主主義的ではあっても、民族主義的なレジームが出現するというシナリオが可能性を増します。

だからヘゲモニー・ブロックの考えが重要なのです。一般には、ドイツが事実上ヘゲモニーを握っているという点が、完全に忘れ去られている。だがかれらは、好循環を生み出すことができない。この事実上のヘゲモニー国は自己利益中心主義的で、事実上ヨーロッパを破壊する可能性をもっている。もしドイツ人がこのままであるならば、ユーロは破綻してしまいます。そのまえに、フランスはしっかりとした交渉を行わなければならない。そのとき、欧州中央銀行にリーダーシップをもった政治家が必要なのです。現在、唯一の人物はドラギ欧州中央銀行総裁です。彼は「われわれはユーロを守るために必要なことは何でもする」と語った〔二〇一二年七月二十六日ロンドン投資会議〕。だがそれはドイツによって阻止されたのです。ですから、金融界をコントロールするような有能な指導者を必要としているのです。

こうしたなかで、今後、ユーロ危機はいつでも深刻化する可能性があります。あっという間に事態が悪化するかもしれません。国際金融界は、とても活発なので、その動きによっていつ危機が深刻化するかわかりません。金融投機が内生的に発生したときに、しっかりと政府がイニシアチブをとることがとても重要です。しかし、こうしたなかで首尾一貫した態度をとっているのは、ドイツのメルケル首相で、皮肉にも彼女はユーロを破壊できる立場にもあるのです。ギリシャでも、総選挙の後、状況は改善していません。ユーロの将来は、何でもありうる状況です。深刻な危機はいつ起こってもおかしくありません。例えば、次の四半期のヨーロッパのGDPや失業がどうなるか。ドイツでさえも大きく景気後退しています。中国、インド、南欧の成長率が落ちている。ドイツ経済は輸出主導型の経済で、世界貿易に対するドイツGDPの弾力性はフランスのそれよりもはるかに大きい。次の四半期のドイツの成長率が例えば〇・五%だとしたら、金融業者はどのように考えるだろうか。ユーロはもうだめだと思うに違いない。債務国の国債を中央銀行が買い取っているので、ドイツの銀行でさえもユーロの崩壊をさほど危惧しなくなっています。しかし、それが実際に起こるとEU全体に巨大な損失をもたらすことになると思います。

というわけで、危機的事態がいつ発生するか、誰にも予測はできない状態です。ユーロの将来は、ユーロ加盟諸国がどんな戦略をとるかに完全にかかっているのです。ただし、まったく新しい政策が始まるとかいった巨大な政治的出来事が起これば話は別ですが、ヨーロッパの政治エリートのなかにはそれを実行できる者はみつからない。モンティ伊首相〔二〇一二年十二月辞任〕、ラホイ西首相、オランド仏大統領、メルケル独首相の誰ひとりとして、本当にユーロに責任をもっていない。だからユーロには父も母もいない。このままだと死んでしまいます。

4 日本へのメッセージ

最後に、こうしたヨーロッパの経験から、日本の将来やアジア経済統合についてどんな教訓が引き出せるか、お話ししたいと思います。第一に、日本にとって反撃のチャンスがあると言ってもよいのではないでしょうか。アメリカでは銀行救済プランが進んでいるが、銀行経営については何ら変化させようとしていない。日本やドイツとはちがって、アメリカでは銀行を救済しても、銀行は自分自身の戦略を維持して投機的活動を継続するだけで、中小企業を助けようとはしないのです。アメリカでは、銀行をコントロールできていない。だから多くの人びとは、アメリカのやり方は行き詰まっているとみています。

スペインの場合でも、銀行システムは破綻していて、政府は銀行をコントロールできていません。このため、回復の兆しはみられないのです。こうしてみると、最も重要な教訓は、信用というものはとても重要で、国家がしっかりと信用をコントロールすることはきわめて大切だということです。これが、私がいちばん言いたいことです。中国を例にとりましょう。なぜ中国はうまくいったのか。なぜなら、中央政府が、地方レベルや部門レベルの信用をコントロールする力をもっているからなのです。だから第一の重要点は、国家は銀行や金融業者のコントロールにおいてもっと強力になるべきだということです。

第二に、経済社会モデルの選択ということについて言うと、これまで欠如していたのは、次のことです。経済学では、市場経済を擁護するエコノミストによって膨大な研究がなされている。市場こそ最善だ、最適だ、と。これに対して社会民主主義モデルがなぜ優れているか説明する理論的研究は、さほど多くありません。だから、こうした劣勢の理由の一つに学的問題がある。ヨーロッパでは、社会民主主義は成功をおさめたのですが、それをモデルとして展開できていません。社会民主主義のモデルは、十分に定義されておらず、社会民主主義を十分に防衛できていないのです。

第三に、われわれは、「社会ヨーロッパ」を好むものです。これは、ドイツ的用語でいえば「社会的市場経済」です。だがヨーロッパは結局、金融の自由化に巻き込まれ、典型的な金融主導型市場経済になってしまった。なぜかというと、ヨーロッパ・モデルとは何かについてのしっかりとした理論がなかったからです。だから日本を考える場合に大切なことは、何が日本の強みかを分析することです。私の見るところ、日本で重要なのはコミュニティ的価値を守ってきたことではないでしょうか。例えば企業は、競争力を高めるためにといって労働者を大量解雇するようなことはしてきませんでした。企業は各種調整のためにもっとソフトなメカニズムを採用してきたのです。地域共同体の連帯もあります。だから危機対処の日本的方法、特に連帯と雇用保障といったことをもっと理論化すべきでしょう。

もちろん、日本では経済格差が拡大していることは知っていますが、例えばアメリカやイギリスのそれと比較したとき、それほどではない。日本経済がうまくいかないからといって、アメリカ・モデルをまねする必要はないのです。日本モデルをしっかりと理解してモデル化し、それを守るべきです。日本モデルは、よい補完性を持っています。学校教育の質とか福祉など、日本モデルの強いところをもっとよく理解してほしい。そうすればこのモデルをもっとよく守ることができ、改革することができるでしょう。ヨーロッパでは、この点で立ちおくれています。ヨーロッパでは、問題が生じたときに、スウェーデン・モデルやデンマーク・モデルを重視せず、アメリカ・モデルを取り入れようとしたのです。しかし、日本では、日本モデルのよい面をしっかりと守っていってほしいと思います。新しい世代が、日本のレギュラシオニストの人たちが、政治学者と連帯しつつ、日本モデルの擁護者となってしっかりと理論化してほしいと思います。アカデミックな研究のレベルで、もっと努力していくことを期待しています。

最後にアジア経済統合についてですが、これには注意が必要でしょう。日本のみなさんに私が推したいのはスウェーデン的方法かデンマーク的方法です。つまりこういう主張です。われわれは、国境を開放して産業の競争力を高めるべく、互いに協力していく用意があるが、同時に競争力がなくなったときのための手段をしっかり確保します、と。アジア経済統合の進め方ですが、起こることが予想される金融危機に対してどう対処するか準備をすることなく、アジア経済統合に一足飛びに走ることは要注意です。何を得て何を失うか、損失をどうやって埋め合わせるかについて、大いにリアリストであるべきで、そのうえでアジア経済統合を実現していってほしいと思います。

（訳・構成／植村博恭・山田鋭夫・田原慎二・Simi Thambi）

訳者あとがき

膨大な赤字が発覚したギリシャの財政危機が耳目を引いたのも束の間、危機はやがて他の南欧諸国に飛び火し、さらにはユーロ圏全体へと拡大した。そのユーロ危機は現在、新興経済諸国や日本経済にも暗い影を落とし、アメリカ経済の不振や不安要素とあいまって、世界経済全体を沈滞の淵に追いやっている。ユーロ危機は、たしかに一時のパニック状態からは一息ついたのかもしれないが、しかし今、深く静かに世界経済の根幹を侵食しつつあるといってよい。

ユーロ危機は、たんなるユーロの危機というだけの独立した事象ではない。もちろん、本書でも分析されているように、ユーロ圏に固有な構造的弱点がこの危機を招いた一因であることは否定すべくもない。しかし、そのユーロ圏は同時にアメリカ発の金融グローバリゼーションのなかに組み込まれていたのであり、今日のユーロ危機を、二〇〇八年のあのリーマン・ショックに端を発する世界経済危機の一環をなすものとして、しかもその集中的表面化の場として捉える眼が必要であろう。そうだとすればユーロ危機は、ひとりヨーロッパに尽きない世界経済全体の問題であり、また一時的な喧騒に終わるのでなく、今後も長く尾を引く深刻な構造的危機の今日的な波頭をなしているのであろう。

このような深刻な状況のなかで、あのロベール・ボワイエは、いかなる診断をくだしているのか。これは、レギュラシオン理論――調整（レギュラシオン）の分析とケインズ派マクロ経済学とを統合した独自の制度経済学――の読者だけでなく、一度はフランスの経済学者ボワイエの名に接した読者みながもつ問いかけであろう。ロベール・ボワイエは、一九八〇年代以来フランス・レギュラシオン理論の指導的経済学者であり、ミッテラン政権、ドロール欧州委員会など、欧州統合に向けたフランス左派のプロジェクトをつねに理論的にリードしてきた。一九八〇年代に欧州統合が本格的に始動してから三〇年、いまロベール・ボワイエは欧州の現在に何をみているのであろうか。

ユーロ危機論をめぐっては、すでに数々の解釈が提起されている。例えば、ポール・クルーグマンも、ユーロ危機はたんに放漫財政によって引き起こされたものではなく、ユーロの創設それ自体によって引き起こされたものだと厳しく看破している。本書におけるボワイエの分析は、これと共通するところがあるものの、レギュラシオン理論の指導的論客らしく、単一通貨ユーロのもとでの各国経済の調整様式の異質性とEU内の国際的ガバナンスの政治過程にまで踏み込み、他にはない独自なユーロ危機分析を提供している。ボワイエの分析のオリジナリティについて、いま少し詳細に確認しておこう。

第一の独自性は、ユーロ危機の原因について、それはギリシャの放漫財政のせいで起こったのだといったような、表層的かつ単一原因論的な議論を退けて、主として三つの要因の複合的結果として危機原因を析出した点にある。本書の原文は、「ユーロ圏の制度的ミスマッチを克服すること――伝統的経済学はこれを看過し、一国中心の政治はこれに火をつけ、グローバル金融がこれに油を注いで暴き出した」と題されているのだが、副題にあるとおり本書は、「経済学」（市場原理主義的経済学）、「政治」（ユーロ圏内での自国利害中心の政治）、「グローバル金融」（金融イノベーションを武器としたあくなき金融収益追求）の三要因が複雑に入り組んだプロセスの産物として、ユーロ危機を分析している。とりわけ、危機をもたらした重要な一原因として、実物的景気循環論に代表される「新しい古典派経済学」の知的失敗の責任がきびしく問われている点は、本書の大いなる特徴をなしている。

第二に、ユーロの創設以降のヨーロッパ経済の構造変化に関する、各国の調整様式をふまえた分析は、まさにレギュラシオン理論の強みを存分に発揮するものである。すでに多くの経済学者によって指摘されているように、最適通貨圏理論の観点からすれば、財政移転メカニズムの不備、労働移動の不完全、顕著な非対称的ショックの存在など、ユーロ圏は単一通貨導入のための条件を満たしていなかった。にもかかわらず、各国が共通の理念を持ち共通ルールに従うことで、単一通貨の条件が満たされていくだろうという楽観論が支配した。しかし、ユーロ導入後現実に起こったことは、北部ヨーロッパと南部ヨーロッパの間での貿易収支不均衡の非対称的拡大であった。これが南部ヨーロッパの国々の政府赤字を拡大させていった。しかも、リーマン・ショック以降、国際金融界は、ギリシャだけでなく他の南部ヨーロッパ諸国の国債にも異常な低価格をつけるようになり、それに対応して長期利子率の急上昇がもたらされた。これが、国家債務危機をさらに悪化させ、こうして悪循環が加速していったのである。ボワイエの特徴は、このような考察を、各国の調整様式の異質性の分析にまで掘り下げている点にある。ドイツは、強い国際競争力を有する製造業をもち、賃金調整もうまくいっている。これに対して、南部ヨーロッパの国々は、競争力ある製造業をもっておらず、単一通貨のもとでは賃金の切下げや緊縮財政を余儀なくされているが、これは国内の分配をめぐる社会的コンフリクトを一層激化させる。単一通貨のもとでの生産コスト削減という「内的減価」（事実上の通貨切下げ）は、まさに南部ヨーロッパ諸国の社会に強い圧力となって作用し、その多様な調整様式の機能不全を助長させているのである。

第三に、危機のもとでの政治過程の分析についても異彩を放っている。何よりも、ドイツ的思考に基づく債務国への安易な緊縮政策の押しつけに対して警鐘を鳴らすだけでなく、欧州連合の各種諸機関の機能不全ないし相互撞着の実態が暴き出され、要するに、危機に対して、また金融界の投機的動きに対して、ＥＵが政治的・行政的に対応しきれていない点がするどく糾弾されている。危機対応におけるこうした「政治」的側面の強調は、そのまま、危機脱出における「政治」の役割の強調へとつながる。すなわち、危機脱出の議論でしばしば見受けられる「ユーロの終焉か、ヨーロッパ合衆国か」といった性急な二者択一的思考を排し、また危機脱出のための政治はすべからく「経済」のロジックなるものに従うべきだという安易な経済決定論的議論を排して、本書は、危機脱出における「政治」の果たす役割を強調し、その「政治」いかんによって多様な将来的可能性があることを示唆する。

第四に、危機への対応と危機脱出策についてもう少し立ち入ると、ボワイエは欧州中央銀行の強いイニシアチブのもとで緊急に金融を安定化させ、同時にＥＵレベルの合意形成のもとに財政連邦主義の方向へと踏み出すことを示唆しているが、それを実現するプロセスについては、きわめてリアリストである。欧州委員会、欧州理事会、欧州中央銀行、各国政府、金融界といったEUにおける様々なアクター間での複雑な国際的ガバナンスと現実のきびしい政治過程が決定的に重要だというのである。政治過程の対応の遅れは、金融不安定を加速させる。ここには、レギュラシオン学派の中堅研究者B・アマーブルやS・パロンバリーニによる近年の欧州政治過程の分析の成果が生かされている。だが、本書のボワイエは、ユーロの将来について驚くほど慎重である。そこに、われわれはユーロ危機の深刻さをみてとることができる。しかし、一九八〇年代のジャック・ドロールの時代以来一貫して欧州統合を、それも「社会的な欧州」の実現を目指してきたボワイエが、「ユーロ崩壊は唯一のシナリオではない、多様な構図に開かれた未来がある」としめくくるとき、そこにあるのは、まさにユーロピアンであるボワイエの不屈の信念と希望である。

本書の成立事情について述べておきたい。本論部分の原文は以下のとおり。

Robert Boyer, "Overcoming the Institutional Mismatch of the Euro-zone: Undetected by Conventional Economics, Favoured by Nationally Focused Politics, Fuelled and then Revealed by Global Finance", Article prepared for the Conference "*Asian Economic Integration in Transition: Learning from European Experiences*", Yokohama International Conference, August 21 and 22, 2012.

ご覧のとおり本書本論は、二〇一二年八月、横浜国立大学で行われた国際会議に提出されたボワイエの発表草稿を全訳したものである。この国際コンファレンスは、日本学術振興会・科学研究費補助金プロジェクト「東アジア経済統合のもとでの企業の進化的多様性と産業システムのダイナミズム」（課題番号＝22530219　研究代表者＝植村博恭）の一環として、同大学のアジア経済社会研究センターとの共催で企画されたものである。ユーロ危機に対するその透徹した分析内容からして、ここに示されたボワイエの見解を会議参加メンバーの内部のみに留めておくにはあまりに惜しいとの思いから、訳者らが思い立って急遽訳出した次第である。

「解説談話　ユーロ危機の現状と日本へのメッセージ」は、右記コンファレンス開催直前の八月二十日、訳者らはユーロ危機についてボワイエから直接に話を聞く機会に恵まれたので、その録音記録を掘り起こしたものである。本書本論の原稿を執筆しおえてすぐに来日したボワイエの談話であるだけに、本論部分へのよき案内となり解説となっているはずである。また、グローバリゼーションと地域統合の時代において、日本はユーロ危機から何を学ぶべきかについても示唆が与えられよう。

藤原書店・藤原良雄社長には、「解説談話」に結実するボワイエを囲む会を設定していただいたのみならず、本書を緊急出版したいという訳者らの申し出を快諾していただいた。また同書店編集部の山﨑優子さんには、時間的に切迫するなか、渾身の編集・製作作業に当たっていただいた。ともに心からお礼申し上げたい。

二〇一三年一月

山田鋭夫
植村博恭

127-144.

WIELAND Volker (2010), "Model comparison and Robustness: A proposal for policy analysis after the financial crisis", *WP Goethe University Frankfurt*, November 28th.

WOLF Charles Jr. (1990), *Markets or Governments: Choosing Between Imperfect Alternatives*, Cambridge MA and London UK: The MIT Press.

WOLF Martin (2012a), « Les fruits amers d'une union précipitée », *Le Monde*, 26 juin.

WOLF Martin (2012b), « Zone-Euro: ni solution fédérale, ni statu quo destructeur », *Le Monde*, 27 juin.

WYPLOSZ Charles (1997), "EMU: Why and How it might Happen", *Journal of Economic Perspective*, 11, Autumn.

Sapir Jacques (2012), *Faut-il sortir de l'euro?*, Seuil, Paris.

Sen Armitya (2000), *Development as Freedom*, New York, Anchor Books (石塚雅彦訳『自由と経済開発』日本経済新聞社、2000 年).

Sen Armitya (2012), « L'euro fait tomber l'Europe », *Le Monde*, 3-4 juillet.

Shiller Robert J. (1999, 2006), *Irrational Exuberance*. Princeton University Press, Princeton (植草一秀監訳『根拠なき熱狂』ダイヤモンド社、2001 年).

Sinn Hans-Werner (2012), « Pourquoi Paris et Berlin s'opposent », *Le Monde*, 1er Aout, p. 17.

SOFRES (1997), « Enquêtes d'opinion auprès des français », Paris, ronéotypé.

Smets Franj and Raf Wouters (2002), "An estimated Stochastic Dynamic General Equilibrium Model of the Euro Area", *Working Paper Series*, n° 171, European Central Bank (International Seminar on Macroeconomics), August.

Soete Luc (2002), "The Challenges and the Potential of the Knowledge-Based Economy in a Globalized World", in Rodrigues Maria Joao (ed.), *The new Knowledge Economy in Europe. A strategy for international competitiveness with social cohesion*, Edward Elgar, Adelshot.

Sorman Guy (2012a), « Revenons au projet original: le fédéralisme doit fixer le cap ».

Sorman Guy (2012b), « Quelle Europe pour sortir de la crise? », *Le Monde*, 13 juillet, p. 17.

Stiglitz Joseph (2012), « Les premiers qui quitteront l'Euro s'en sortiront le mieux », *L'Observatoire de l'Europe*, 31 janvier.

The Economist (2012), "The Merkel memorandum", Briefing breaking up the euro area, August 11th, p. 15-18.

Theret Bruno (1992), *Régimes économiques de l'ordre politique: esquisse d'une théorie régulationniste des limites de l'Etat*, PUF, Paris (神田修悦・中原隆幸・宇仁宏幸・須田文明訳『租税国家のレギュラシオン』世界書院、2001 年).

Theret Bruno (2001), « Economie politique du fédéralisme », *Critique internationale*, n° 11, p. 128-130.

Theret Bruno (2012), « Dettes et crise de confiance dans l'euro. Analyse et voies possibles de sortie par le haut », CNRS, IRISSO – Université Paris Dauphine.

Tilly Charles (2007), *Democracy*, Cambridge University Press, New York.

Tinbergen Jan (1952), *On the theory of economic policy*, North Holland publishing.

Wade Robert H. and Silla Sigurgeirsdottir (2012), "Iceland's rise, fall, stabilization and beyond", *Cambridge Journal of Economics*, 36 (1), January, p.

souverainistes et la City », *Le Monde*, 10 Août.

MAURICE Joël (2012), « Ombres et périls du traité Merkel-Sarkozy: Quelques simulations élémentaires », *Les Cahiers*, n° 45, Lasaire, Paris, 25 février.

McKAY David (2001), *Designing Europe: Comparative Lessons from the Federal Experience*, Oxford, Oxford University Press.

MILLET Damien et Eric TOUSSAINT (2012), *AAA, Audit, Annulation, Autre politique*, Seuil, Paris.

MINSKY Hyman (1986), *Stabilizing an unstable economy*, Mc Grow-Hill, New York (吉野紀・浅田統一郎・内田和男訳『金融不安定性の経済学』多賀出版、1989年).

MISHKIN F. and T. ERBERTSSON (2006), *Financial stability in Iceland*, Reykjavick Iceland Chamber of Commerce.

MONNET Jean (1976), *Mémoires*, Paris, Fayard.

MUNDELL Robert A. (1961), "A Theory of Optimum Currency Areas", *American Economic Review*, 51 (4), p. 657-665.

ORLÉAN André (2004), « Efficience, finance comportementale et convention: une synthèse théorique », in Robert Boyer, Mario Dehove et Dominique Plihon (dir), *Les crises financières,* rapport du Conseil d'Analyse Economique, n° 50, octobre, La Documentation Française, Paris, p. 241-279.

ORLÉAN André (2009), *De l'euphorie à la panique: penser la crise financière*, Editions de la rue d'Ulm, Paris.

ORLÉAN André (2011), *L'empire de la valeur,* Paris, Seuil.

PETIT Pascal (2012), "Building faith in a common currency can the eurozone get beyond the common market logic?", *Cambridge Journal of Economics*, 36 (1), p. 271-282.

PORTES Richard, BALDURSSON F. (2007), *The Internationalisation of Iceland's financial sector*, Reykjavick Iceland Chamber of Commerce.

RAWLS John (1971), *A theory of justice*, Harvard University Press, Cambridge, Ma (川本隆史・福間聡・神岡裕子訳『正義論』改訂版、紀伊國屋書店、2010年).

RODRIGUES Maria Joao (ed.) (2002), *The new Knowledge Economy in Europe. A strategy for international competitiveness with social cohesion*, Edward Elgar, Adelshot.

RUFFONI Serena (2012), "Default coverage costs more as crisis touches Berlin", *The Wall Street Journal*, June 26, p. 25.

Gazier Bernard et Touffut Jean-Philippe (2006), « Bien public, bien social », dans Touffut Jean-Philippe (Dir.) *L'avancée des biens publics*, Albin Michel, Paris, p. 9-22.

Greeley Brendan (2012), "Krugmenistan vs. Estonia", *Bloomberg Business Week*, July 23, p. 48-53.

Habermas Jürgen (2011), *Zur Verfassung Europas, Ein Essay*, Suhrkamp Verlag, Berlin. Traduction Française 2012.

Habermas Paul (2012), "The Euro is flat", *New York Times*, June 22.

Höpner Martin, Armin Schäfer (2012), "Integration among unequals. How the heterogeneity of European varieties of capitalism shape the social and democratic potential of the EU", *Discussion Paper* 12/5, Max Planck Institute for the Study of Societies. Kohln.

Issing Otmar (2012), "Europe's political union is an idea worthy of satire", *Financial Times*, July 29.

Krugman Paul, Kenneth S. Rogoff, Stanley Fisher, William J. McDonough (1999), "Currency Crises", NBER Chapters, in: International Capital Flows, p. 421-466, National Bureau of Economic Research, Inc.

Krugman Paul (2012), "Revenge of the Optimum Currency Area", NBER Chapters, in: NBER Macroeconomics Annual 2012, vol. 27, National Bureau of Economic Research, Inc.

Le Monde (2012), « Le sauvetage interminable de la Grèce met la patience de l'Allemagne à rude épreuve », 31 juillet.

LE SONDOSCOPE (1997), n° 129, Avril, p. 70-71-73.

Lemaître Fréderic (2012), « Le grand dessein d'Angela Merkel », *Le Monde*, 8 juillet, p. 13.

Levrat Nicolas (2012), *La construction Européenne est-elle démocratique?*, La documentation française, Coll. Reflexe Europe, Paris.

Lucas Robert E. (1983), *Studies in Business Cycle Theory*, The MIT Press, Cambridge MA, USA.

Lundvall Bengt-Ake, Edward Lorenz (2011), "From the Lisbon Strategy to Europe 2020", Mimeograph Forthcoming in Morel, N., Palier Bruno and Palme James (eds), *Social Investment*, Policy Press.

Martin P. (1995), "Free Riding and Two Speed Monetary Unification in Europe", *European Economic Review*, 39, 1345-1364.

Matouk Jean (2012), « Il faut identifier les deux ennemis de l'Euro: les

Calmfors Lars (1997), *EMU: a Swedish perspective*, Kluver Academic Publishers, Boston.

Carrick-Hagenbarth Jessica and Gerald Epstein (2012), "Dangerous interconnectedness: economists'conflicts of interest, ideology and financial crisis", *Cambridge Journal of Economics*, Vol. 36, n° 1, January, p. 43-65.

Coenen Günter, Straub roland and Mathias Trabandt (2012), "Fiscal policy and the great recession in the Euro Area", *American Economic Review*, 102 (3), May, p. 71-76.

Conseil d'Analyse Économique (1998), *Coordination européenne des politiques économiques*, n° 5, La Documentation française, Paris.

Conseil d'Analyse Économique (2004), *Réformer le pacte de stabilité et de croissance*, Rapport n° 52, La Documentation française, Paris.

Council of the European Union (2011), Statement by the heads of state or government of the Euro area and EU institutions, Brussels, 21 July.

Crouch Colin (ed.) (2000), *After the Euro*, Oxford University Press.

Dehove Mario (1997), « L'Union Européenne inaugure-t-elle un nouveau grand régime d'organisation des pouvoirs publics et de la société internationale ? », *l'Année de la Régulation 1997*, 1, (Paris: La Découverte), p. 11-83.

Delorme Robert, Andre Christine (1983), *L'Etat et l'économie*, Le Seuil, Paris.

Dosi Giovanni (2008), Schumpeter meeting Keynes: a policy friendly model of endogenous growth and business cycle, L LEM papers series, Santa Ana School of Economics.

Draghi Mario (2012), "Introductory statement to the Press Conference", 2 August. http://www.ecb.int/press/pressconf/2012/ html/is120802.en.html

Drazen Allan (2000), *Political Economy in Macroeconomics*, Princeton University Press, Princeton.

Eco Hebdo (2012), n° 30, 27 juillet.

Economistes atteres (Les) (2012), *L'Europe mal-traitée. Refuser le Pacte budgétaire et ouvrir d'autres perspectives*, Les Liens qui Libèrent, Lonrai.

European Council (2012), "Towards a genuine Economic and Monetary Union", Statement after the 28 and 29 June, *European Council.*

Feinstein J. (1992), "Public Good Prevision and Political Stability in Europe", *American Economic Review*, May, 82 (2), p. 323-329.

Fitoussi Jean-Paul (2011), « Zone euro: du caractère insoutenable de la vertu », *Le Monde*, 21 juillet.

Economie, n° 288, 18 avril.

Artus Patrick, Wyplosz Charles (2002), « La politique monétaire de la Banque centrale européenne », Rapport du *Conseil d'analyse économique*, la Documentation française, Paris.

BLOOMBERG BUSINESSWEEK (2012), May 21-27.

Boyer Robert (2000), "The Unanticipated fallout of European Monetary Union: The Political and Institutional Deficits of the Euro", Colin Crouch, *After the Euro*, Oxford University Press, Oxford, 2000, p. 24-88.

Boyer Robert (2006), "The institutional and policy weakness of the European Union: the evolution of the policy mix", in Coriat Benjamin, Petit Pascal, Schméder Geneviève, *The Hardship of Nations*, Edward Elgar, Cheltenham, p. 161-187.

Boyer Robert (2010), "Integracion productive y financiera en la Union Europea. De la sinergia al conflicto", *Puente@Europa, Dinamicas productivas de la integración: comercio, moneda, trabajo e industria*, Ano VIII, n° 1, Abril, p. 31-47.

Boyer Robert (2011), *Les financiers détruiront-ils le capitalisme ?*, Economica, Paris (参考：山田鋭夫・坂口明義・原田裕治監訳『金融資本主義の崩壊』藤原書店、2011 年).

Boyer Robert (2012), "The four fallacies of contemporary austerity policies: the lost Keynesian legacy", *Cambridge Journal of Economics*, 2012, 36, p. 283-312.

Boyer Robert (sous la présidence) (1999), *Le gouvernement économique de la zone euro*, La Documentation française, Paris.

Boyer Robert, Dehove Mario (2001a), « Du « gouvernement économique » au gouvernement tout court. Vers un fédéralisme à l'européenne », *Critique internationale*, n° 11, Avril 2001, p. 179-195.

Boyer Robert, Dehove Mario (2001b), « Théories de l'intégration européenne: entre gouvernance et gouvernement » *La Lettre de la Régulation*, n° 38, Paris, septembre, p. 1-4.

Boyer Robert, Dehove Mario, Dominique Plihon (2004), *Les crises financières*, Rapport du Conseil d'Analyse Economique, n° 50, La Documentation française, Paris.

Boyer Robert, Saillard Yves (Eds) (1995), *Théorie de la Régulation. L'Etat des Savoirs*, La Découverte, Paris.

Brender Anton, Pisani Florance et Emile Gagna (2012), *La crise des dettes souveraines*, Repères « Economie », n° 601, La Découverte, Paris.

参考文献

AMABLE Bruno (2003), *The diversity of capitalism*, Oxford University Press, Oxford (山田鋭夫・原田裕治ほか訳『五つの資本主義』藤原書店、2005 年).

AMABLE Bruno, BARRÉ Rémi, BOYER Robert (1997), *Les systèmes d'innovation à l'ère de la globalisation*, Economica, Paris.

ARTUS Patrick (2010), « Quelle perspective à long terme pour la zone euro ? », *Flash Economie*, n° 158, 12 avril.

ARTUS Patrick (2011a), « L'ajustement demandé aux pays périphériques de la zone euro est-il réalisable? Une comparaison avec l'ajustement réalisé en Allemagne », *Flash Economie*, n° 268, 11 avril.

ARTUS Patrick (2011b), « Introduction du fédéralisme dans la zone euro: les avantages et les risques », *Flash Economie*, n° 284, 18 avril.

ARTUS Patrick (2011c), « Pourquoi n'a-t-on pas vu, de 1999 a 2007, les problèmes de l'Espagne, du Portugal, de l'Irlande, de la Grece ? », *Flash Economie*, n° 534, 8 juillet.

ARTUS Patrick (2011d), « La crise de la zone euro nous apprend beaucoup sur le fonctionnement des Unions Monétaires: l'euro est-il sauvé ? », *Flash Economie*, n° 599, 9 août.

ARTUS Patrick (2012a), « En situation de sous-utilisation des capacités, les entreprises concentrent leurs productions dans les pays où elles sont les plus profitables, d'où l'accélération des pertes d'emplois dans les pays où la profitabilité est faible », *Flash Economie*, n°515, 25 juillet.

ARTUS Patrick (2012b), « Visiblement, les dirigeants européens ne comprennent pas que la stratégie de sortie de crise qu'ils utilisent ne marche pas: la déconnexion de la logique européenne et de la logique des marchés financiers », *Flash Economie*, n°519, 26 juillet.

ARTUS Patrick (2012c), « Liquidité mondiale, taille des flux de capitaux, taille des fluctuations des taux de change: pas d'amélioration en vue », *Flash Marchés*, n°535, 9 août.

ARTUS Patrick (2012d), « Zone euro: l'erreur de conception est l'oubli de hétérogénéité structurelle; elle peut conduire a l'éclatement de l'euro », *Flash*

図表一覧

著者紹介

ロベール・ボワイエ（Robert Boyer）

1943年生。パリ理工科大学校（エコール・ポリテクニック）卒業。数理経済計画予測研究所（CEPREMAP）および国立科学研究所（CNRS）教授，ならびに社会科学高等研究院（EHESS）研究部長を経て，現在は米州研究所（パリ）エコノミスト。

著書に『レギュラシオン理論』『入門・レギュラシオン』『第二の大転換』『現代「経済学」批判宣言』『世界恐慌』〈レギュラシオン・コレクション〉『1 危機――資本主義』『2 転換――社会主義』『3 ラポール・サラリアール』『4 国際レジームの再編』（共編著）『資本主義 vs 資本主義』『ニュー・エコノミーの研究』『金融資本主義の崩壊』（以上いずれも藤原書店）『レギュラシオン』（ミネルヴァ書房）などがある。

訳者紹介

山田鋭夫（やまだ・としお）

1942年生。現在，名古屋大学名誉教授。名古屋大学大学院経済学研究科博士課程満期退学。理論経済学。著書に『さまざまな資本主義』（藤原書店），『金融危機のレギュラシオン理論』（共著，昭和堂）他。共編書に『戦後日本資本主義』（藤原書店）他。

植村博恭（うえむら・ひろやす）

1956年生。現在，横浜国立大学大学院国際社会科学研究院教授。一橋大学大学院経済学研究科博士課程単位取得退学。理論経済学。著書に『新版　社会経済システムの制度分析』（共著，名古屋大学出版会），*Diversity and Transformations of Asian Capitalisms* (co-editor), Routledge 他。

ユーロ危機《きき》——欧州《おうしゅう》統合《とうごう》の歴史《れきし》と政策《せいさく》

2013年2月20日　初版第1刷発行 ©

訳　者　山田鋭夫
　　　　植村博恭

発行者　藤原良雄

発行所　株式会社 藤原書店

〒162-0041　東京都新宿区早稲田鶴巻町523
電　話　03（5272）0301
FAX　03（5272）0450
振　替　00160-4-17013
info@fujiwara-shoten.co.jp

印刷・製本　音羽印刷

Printed in Japan
ISBN978-4-89434-900-1

危機脱出のシナリオ

第二の大転換
（EC統合下のヨーロッパ経済）

R・ボワイエ　井上泰夫訳

一九三〇年代の大恐慌を分析したポランニーの名著『大転換』を受け、フォード主義の構造的危機からの脱出を模索する現代を「第二の大転換」の時代と規定。EC主要七か国の社会経済を最新データを駆使して徹底比較分析、危機乗りこえの様々なシナリオを呈示。

四六上製　二八八頁　二七一八円
（一九九二年一一月刊）
◇978-4-938661-60-1

LA SECONDE GRANDE TRANSFORMATION
Robert BOYER

現代資本主義の〝解剖学〟

現代「経済学」批判宣言
（制度と歴史の経済学のために）

R・ボワイエ
井上泰夫訳

混迷を究める現在の経済・社会・政治状況に対して、新古典派が何ひとつ有効な処方箋を示し得ないのはなぜか。マルクス、ケインズ、ポランニーの系譜を引くボワイエが、現実を解明し、真の経済学の誕生を告げる問題作。

A5変並製　二三二頁　二四〇〇円
（一九九六年一一月刊）
◇978-4-89434-052-7

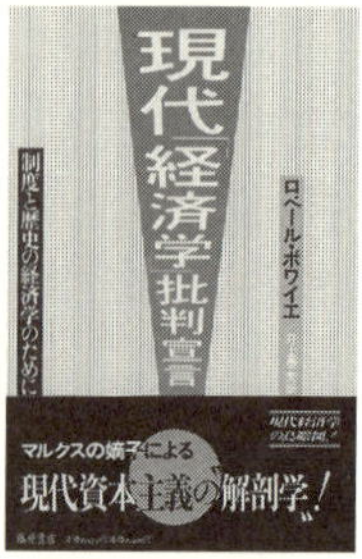

資本主義は一色ではない

資本主義vs資本主義
（制度・変容・多様性）

R・ボワイエ　山田鋭夫訳

各国、各地域には固有の資本主義があるという視点から、アメリカ型の資本主義に一極集中する現在の傾向に異議を唱える。レギュラシオン理論の泰斗が、資本主義の未来像を活写。

四六上製　三五二頁　三三〇〇円
（二〇〇五年一月刊）
◇978-4-89434-433-4

UNE THÉORIE DU CAPITALISME EST-ELLE POSSIBLE?
Robert BOYER

政策担当者、経営者、ビジネスマン必読！

ニュー・エコノミーの研究
（21世紀型経済成長とは何か）

R・ボワイエ
井上泰夫監訳
中原隆幸・新井美佐子訳

肥大化する金融が本質的に抱える合理的誤謬と情報通信革命が経済に対してもつ真の意味を解明する快著。

四六上製　三五二頁　四二〇〇円
（二〇〇七年六月刊）
◇978-4-89434-580-5

LA CROISSANCE, DÉBUT DE SIÈCLE : DE L'OCTET AU GÈNE
Robert BOYER

経済史方法論の一大パラダイム転換

世界経済史の方法と展開

〈経済史の新しいパラダイム（一八二〇―一九一四年）〉

入江節次郎

一国経済史観を根本的に克服し、真の世界経済史を構築する〝方法〟を、積年の研鑽の成果として初めて呈示。十九世紀から第一次世界大戦に至る約百年の分析を通じ経済史学を塗り替える野心的労作。

Ａ５上製　二八〇頁　**四二〇〇円**
（二〇〇二年二月刊）
◇978-4-89434-273-6

生きた全体像に迫る初の包括的評伝

ケインズの闘い

〈哲学・政治・経済学・芸術〉

G・ドスタレール
鍋島直樹・小峯敦監訳

単なる業績の羅列ではなく、同時代の哲学・政治・経済学・芸術の文脈のなかで、支配的潮流といかに格闘したかを描く。ネオリベラリズムが席巻する今、「リベラリズム」の真のあり方を追究したケインズの意味を問う。

Ａ５上製　七〇四頁　**五六〇〇円**
（二〇〇八年九月刊）
◇978-4-89434-645-1

KEYNES AND HIS BATTLES　Gilles DOSTALER

世界の「いま」

パラダイム・シフト　大転換

〈世界を読み解く〉

榊原英資

サブプライム問題、原油高騰として現実化した世界の混乱。国際金融に通暁しつつも、金融分野に留まらない幅広い視野から、金融の過剰な肥大化と経済の混乱にいち早く警鐘を鳴らしてきた〝ミスター円〟。ニュースや株価だけでは見えない、いま生じつつある世界の大転換の本質に迫る！

対談＝山折哲雄＋榊原英資

四六上製　二八八頁　**一九〇〇円**
（二〇〇八年六月刊）
◇978-4-89434-634-5

「大東亜共栄圏」の教訓から何を学ぶか？

脱デフレの歴史分析

〈「政策レジーム」転換でたどる近代日本〉

安達誠司

明治維新から第二次世界大戦まで、経済・外交における失政の連続により戦争への道に追い込まれ、国家の崩壊を招いた日本の軌跡を綿密に分析、「平成大停滞」以降に向けた指針を鮮やかに呈示した野心作。

第１回「河上肇賞」本賞受賞

四六上製　三二〇頁　**三六〇〇円**
（二〇〇六年五月刊）
◇978-4-89434-516-4

「武士道」から「商人道」へ

商人道ノスヽメ

松尾 匡

グローバル化、市場主義の渦中で、〝道徳〟を見失った現代日本を復活させるのは、本当に「武士道」なのか？日本の「外」との接触が不可避の今、他者への信用に基づき、自他共にとっての利益を実現する、開かれた個人主義＝〈商人道〉のすすめ。全ビジネスマン必読の一冊。

第3回「河上肇賞」奨励賞受賞

四六上製 二八八頁 **二四〇〇円**（二〇〇九年六月刊）◇978-4-89434-693-2

なぜデフレ不況の底から浮上できないのか？

日本の「失われた二〇年」
（デフレを超える経済政策に向けて）

片岡剛士

バブル崩壊以後一九九〇年代から続く長期停滞の延長上に現在の日本経済の低迷の真因を見出し、世界金融危機以後の日本の針路を明快に提示する野心作。

第4回「河上肇賞」本賞受賞
第2回政策分析ネットワーク シンクタンク賞受賞

四六上製 四一六頁 **四六〇〇円**（二〇一〇年二月刊）◇978-4-89434-729-8

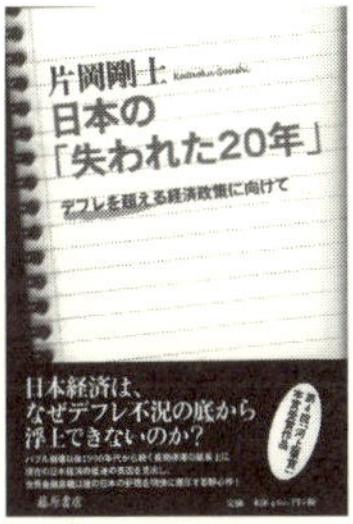

「デフレ病」が日本を根元から蝕む

日本建替論
（100兆円の余剰資金を動員せよ！）

麻木久仁子・田村秀男・田中秀臣

長期のデフレのみならず、東日本大震災、世界的な金融不安など、日本が内外の危機にさらされる今、「増税主義」「デフレ主義」を正面から批判し、大胆な金融政策の速やかな実施と、日本が抱える余剰資金百兆円の動員による、雇用対策、社会資本の再整備に重点を置いた経済政策を提起する。

四六並製 二八八頁 **一六〇〇円**（二〇一二年二月刊）◇978-4-89434-843-1

グローバリズム経済批判

経済幻想

E・トッド
平野泰朗訳

「家族制度が社会制度に決定的影響を与える」という人類学的視点から、グローバリゼーションを根源的に批判。アメリカ主導のアングロサクソン流グローバル・スタンダードと拮抗しうる国民国家のあり方を提唱し、世界経済論を刷新する野心作。

四六上製 三九二頁 **三二〇〇円**（一九九九年一〇月刊）◇978-4-89434-149-4

L'ILLUSION ÉCONOMIQUE　Emmanuel TODD

初の資本主義五百年物語

資本主義の世界史
〈1500–1995〉

M・ボー　筆宝康之・勝俣誠訳

ブローデルの全体史、ウォーラーステインの世界システム論、レギュラシオン・アプローチを架橋し、商人資本主義から、アジア太平洋時代を迎えた二〇世紀資本主義の大転換までを、統一的視野のもとに収めた画期的業績。世界十か国語で読まれる大冊の名著。

A5上製　五一二頁　**五八〇〇円**
（一九九六年六月刊）
◇978-4-89434-041-1

HISTOIRE DU CAPITALISME
Michel BEAUD

無関心と絶望を克服する責任の原理

大反転する世界
〈地球・人類・資本主義〉

M・ボー　筆宝康之・吉武立雄訳

差別的グローバリゼーション、新しい戦争、人口爆発、環境破壊……この危機状況を、人類史的視点から定位。経済・政治・社会・エコロジー・倫理を総合した、学の〝新しいスタイル〟から知性と勇気に満ちた処方箋を呈示。

四六上製　四三二頁　**三八〇〇円**
（二〇〇二年四月刊）
◇978-4-89434-280-4

LE BASCULEMENT DU MONDE
Michel BEAUD

なぜヨーロッパに「資本主義」は誕生したか？

資本主義の起源と「西洋の勃興」

E・ミラン
山下範久訳

中世における中国、インド、北アフリカを比較の視野に収め、「ヨーロッパ中心主義」を周到にしりぞけつつ「資本主義」発生の条件に迫る。ウォーラーステイン、フランク等を批判的に乗り越える野心作。

A5上製　三二八頁　**四六〇〇円**
（二〇一一年三月刊）
◇978-4-89434-788-5

THE ORIGINS OF CAPITALISM AND THE "RISE OF THE WEST"
Eric Mielant

九・一一以後の世界の全体像

今われわれが踏み込みつつある世界は…
〈2000–2050〉

猪口孝編
ウォーラーステイン／加藤博／川勝平太／朱建栄／山田鋭夫

「不安の時代＝晩期近代世界システム」の本質を簡潔・明快に提示するウォーラーステインの〈32命題〉を受けて、日本とアジアの進むべき道、イスラム世界とアメリカ資本主義の現在を気鋭の日本人論客が激論。

四六並製　二四〇頁　**二〇〇〇円**
（二〇〇三年九月刊）
◇978-4-89434-353-5

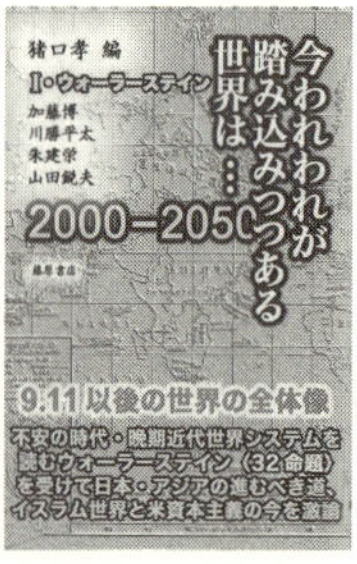